**traducción
al español**

Ariel

Ariel Lenguas Modernas

Anabel Borja Albi

El texto jurídico inglés y su traducción al español

Editorial Ariel, S.A.
Barcelona

Diseño cubierta: Nacho Soriano

1.ª edición: junio 2000

© 2000: Anabel Borja Albi

Derechos exclusivos de edición en español
reservados para todo el mundo:
© 2000: Editorial Ariel, S. A.
Provença, 260 - 08008 Barcelona

ISBN: 84-344-8115-4

Depósito legal: B. 22.638 - 2000

Impreso en España

AGRADECIMIENTOS

La lista de agradecimientos con que deseo iniciar este trabajo tendría que ser necesariamente larga, ya que ha sido mucha la gente que, de una manera u otra, ha contribuido a su gestación (amigos traductores, colegas de la universidad, familiares). A todos ellos, muchas gracias.

No obstante, quiero tener un recuerdo especial para Amparo Hurtado Albir, catedrática de Traducción del Departamento de Traducció i d'Interpretació de la UAB. Amparo fue la directora de mi tesis doctoral, despertó en mí el interés por el estudio de la traducción, y a ella debo muchas ideas y sugerencias sin las que hoy no hubiera podido presentar este libro. Su tenacidad y su pasión por el estudio de la traducción han sido siempre un estímulo y un ejemplo para mí.

También querría manifestar de forma especial mi gratitud a Enrique Alcaraz, catedrático de Filología en la Universidad d'Alacant; a Leo Hickey, barrister y profesor de Lengua española en la Universidad de Salford (Reino Unido); a Cecil Leeland, uno de los mejores profesionales de la traducción jurídica; y a Roberto Mayoral, profesor titular de Traducción en la Universidad de Granada, por su generosa ayuda desde la primera vez que me dirigí a ellos solicitando bibliografía sobre traducción jurídica, documentos, consejos, referencias para empezar a estudiar. Todos ellos me han apoyado con sus valiosas y expertas observaciones sobre traducción jurídica y, sobre todo, con su amistad.

INTRODUCCIÓN

En las últimas décadas el panorama de la traducción profesional ha cambiado radicalmente. El desarrollo de las relaciones internacionales y la tendencia a la especialización en todas las ramas del saber que se observa en nuestra sociedad han dado lugar a un fuerte aumento en el volumen de traducciones de carácter informativo y referencial, hasta el punto de que, hoy en día, la mayoría de las traducciones que se realizan corresponden a documentación de distintos campos de especialidad: documentos económicos y administrativos, documentación comercial, técnica, jurídica, etc.

Si hace sólo unos años las principales preocupaciones de los teóricos eran la traducción literaria y los problemas de la traducción poética, hoy en día el interés va desplazándose cada vez más hacia el estudio de la traducción especializada. A pesar de esta tendencia, resulta paradójico que existan aún tan pocos trabajos dedicados al estudio de la traducción especializada. En el campo de la traducción jurídica, en particular, se observa una importante escasez de trabajos sistemáticos, pese al fuerte impulso que ha conocido esta disciplina profesional a raíz de la creación de bloques económicos y políticos del tipo de la Unión Europea.

Un buen ejemplo de esta afirmación es el caso de la traducción de textos normativos. Hasta hace muy pocos años, la traducción de textos normativos ha sido prácticamente inexistente exceptuando las citas en libros de doctrina. Sin embargo, a raíz de la incorporación de España a la UE y de los esfuerzos que los países comunitarios están realizando para armonizar sus legislaciones, se han creado grandes expectativas de trabajo para los traductores jurídicos. El derecho comunitario y la labor legislativa que desarrolla la UE están dando trabajo a muchos traductores jurídicos que se ocupan de traducir a los idiomas oficiales de la Unión Europea las normativas, disposiciones, decisiones del tribunal europeo, etc.

Lo cierto es que cada día se hace sentir con más fuerza la necesidad de describir parcelas de la traducción tan importantes desde un punto de vista estadístico, económico, social y profesional como la traducción jurídica. Mi propia condición de traductora jurada y profesora de traducción jurídica me ha hecho sentir esta necesidad de forma más acuciante.

Estas circunstancias, unidas a la falta de trabajos sistemáticos a la que ya me he referido, han sido las razones que me han impulsado a escribir esta obra en la que presento un estudio descriptivo de la traducción jurídica inglés-español, como actividad profesional y como acto de comunicación intercultural, basada en mi experiencia profesional como traductora jurada y en la investigación realizada sobre un corpus extenso de documentos legales en inglés y en español procedentes de mis archivos y de la investigación realizada en los últimos años para mi docencia en la universidad.

A tal efecto, he considerado necesario describir el funcionamiento de los textos jurídicos buscando un modelo que tuviera en cuenta tanto sus aspectos discursivos como los puramente lingüísticos, y establecer un esquema de clasificación que respondiera a las necesidades del traductor especializado. Esta obra se divide en tres grandes bloques.

La **primera parte** está dedicada al **estudio del lenguaje jurídico** teniendo en cuenta los distintos enfoques teóricos que se han propuesto: el lenguaje jurídico como forma de poder, como manifestación de la organización social y como lenguaje de especialidad, entre otros. Aquí se realiza un análisis interno de los textos jurídicos, que describe su lenguaje y estilo característicos, así como sus aspectos textuales, comunicativos, pragmáticos y semióticos

A continuación, en la **segunda parte**, propongo un **sistema de clasificación de los textos legales orientado a la traducción profesional.** El traductor especializado trabaja con textos que se ajustan, en mayor o menor medida, a unas convenciones terminológicas, estructurales y retóricas reconocibles por los hablantes de una lengua (las que diferencian un sermón religioso, una citación judicial, una factura, un prospecto de un medicamento, o una lista de la compra). La necesidad de respetar estas convenciones durante el proceso traductor obliga a realizar una comparación interlingüística de los textos, y, en esta línea, propongo una tipología de textos legales españoles e ingleses, no desarrollada hasta la fecha, y que podría servir como base de comparación para un estudio contrastado de los textos legales.

En el discurso legal se observan numerosos casos de textos que podríamos calificar de «fosilizados», ya que presentan una forma convencional, fija y estereotipada. Los testamentos, contratos, poderes notariales, escrituras de constitución de sociedades, etc., son sólo algunos ejemplos de estas estructuras textuales recurrentes y fosilizadas que los profesionales del derecho y los traductores jurídicos buscamos en nuestros formularios de documentos o en el disco duro de nuestros ordenadores cada vez que debemos redactarlos o traducirlos.

Por último, la **tercera parte** constituye una **reflexión sobre los aspectos clave de la traducción jurídica** basada en la observación y la experiencia profesional de este tipo de traducción. Tras revisar de forma somera los trabajos y estudios realizados hasta la fecha, se describe su funcionamiento como actividad profesional. Para ello, he estudiado los aspectos externos de la traducción jurídica, los derivados de considerarla un acto de comunicación y una transacción económica en la que participan diversos individuos con unos objetivos comunicativos definidos.

Aplicando un enfoque funcional y basado en la teoría de la comunicación, examino a los participantes en el encargo de traducción (emisor, receptor, traductor, cliente, persona que realiza el encargo de traducción), incidiendo especialmente en la figura del traductor jurídico, en las funciones que cumple, su formación, situación laboral, las circunstancias que rodean su trabajo, etc.

También en esta última parte se examinan los conceptos de equivalencia y fidelidad en la traducción jurídica. La traducción jurídica, como acto de comunicación intercultural que pone en contacto la realidad social de la lengua de partida y la de llegada, está marcada y condicionada por el componente campo (frente a otras variedades como la traducción audiovisual, que estaría marcada por el modo). A esto hay que añadir que el campo de partida y el de llegada constituyen dos ordenamientos jurídicos bien diferenciados, circunstancia que impone serias dificultades al proceso traductor debido a la falta de equivalencias entre las figuras jurídicas.

Debido, entre otras cosas, a las restricciones que imponen las convenciones de género en el proceso traductor, y a la falta de equivalencia entre figuras jurídicas que acabo de citar, la traducción jurídica no puede utilizar un método literal. El traductor jurídico necesita una formación especial para ser capaz de comprender y reexpresar el sentido del original utilizando distintos recursos y teniendo siempre presentes los aspectos textuales y contextuales. Para ello es requisito indispensable que el traductor conozca en profundidad los sistemas legales en que se produce el discurso jurídico.

En este sentido, los textos jurídicos están marcados por la componente de campo, son textos cuya comprensión depende en gran medida del conocimiento de la disciplina que los contextualiza, el derecho. La investigación en este ámbito pone de manifiesto que tradicionalmente se diferencian dos esquemas jurídicos generales: los esquemas basados en el derecho de origen romano-germánico y los derivados del Common Law británico. Las diferencias entre ambas familias se deben a varias razones, fundamentalmente a sus orígenes históricos. Aunque el derecho romano precede al derecho consuetudinario inglés, este último es anterior a los hoy denominados derechos romano-germánicos, puesto que durante la Edad Media no existió un sistema jurídico continental elaborado que haya subsistido. Por el contrario, el derecho medieval inglés ha marcado el Common Law en sus fundamentos esenciales.

También el método que ha inspirado la creación de ambos sistemas jurídicos es un factor importante de diferenciación, pues mientras que los juristas continentales se dedicaron a la codificación, en Inglaterra el derecho ha sido tradicionalmente oral, no codificado, a excepción de algunas leyes específicas, como (en materia de compraventa) la *Sale of Goods Act*, siendo la jurisprudencia una fuente esencial de derecho, papel que no ha sido tan relevante en los sistemas romano-germánicos, basados fundamentalmente en la codificación y clasificación ordenada de las distintas ramas del derecho.

Para concluir, he considerado fundamental dedicar un capítulo a las **fuentes de documentación para la traducción jurídica**, incluyendo los recursos que Internet pone hoy a nuestro alcance. En el capítulo dedicado a la documentación propongo una clasificación de las fuentes de documentación y un sistema de creación de recursos propios, que siempre acaban siendo los más útiles y valiosos. También en este apartado he incluido una revisión de los intentos de normalización de los documentos legales más utilizados en el ámbito internacional y de las iniciativas de redacción multilingüe que están empezando a surgir.

A lo largo de toda esta obra he ido ilustrando mis observaciones y comentarios con **ejemplos** y **cuadros** que aparecen definidos por el número del capítulo y el número de orden de aparición en cada capítulo. Al final del libro se incluye un listado con todos los ejemplos y cuadros. Además del apartado de **referencias**, en el que se recoge la **bibliografía** citada, he incluido una sección de **obras de referencia básicas** para el traductor jurídico (inglés-español).

Capítulo 1

¿QUÉ SE ENTIENDE POR LENGUAJE JURÍDICO?

1. Definición del lenguaje jurídico

El lenguaje legal es la herramienta principal de los profesionales del derecho y no es demasiado arriesgado afirmar que el derecho no existiría sin lenguaje; el lenguaje es el vehículo de difusión del derecho y permite su registro permanente, siendo la difusión y el registro dos de las propiedades primordiales de esta disciplina.

De hecho, la necesidad de difundir y registrar los actos jurídicos va a influir de forma decisiva en la evolución y características actuales del lenguaje jurídico puesto que impone sobre él unas exigencias de fiabilidad, exactitud, precisión e intemporalidad que no se encuentran en otros lenguajes de especialidad.

Se entiende por lenguaje jurídico el que se utiliza en las relaciones en que interviene el poder público, ya sea en las manifestaciones procedentes de este poder (legislativo, ejecutivo o judicial) hacia el ciudadano, o en las comunicaciones de los ciudadanos dirigidas a cualquier tipo de institución. Y también, naturalmente, el lenguaje de las relaciones entre particulares con transcendencia jurídica (contratos, testamentos, etc.).

El lenguaje jurídico se ha comparado con otros lenguajes especializados, en particular con el lenguaje de la tecnología y el lenguaje médico, por su alto grado de especificidad y por oposición al lenguaje general. Sin embargo, el lenguaje legal es extremadamente conservador frente al carácter dinámico de otros tecnolectos, en los que los continuos y rápidos avances tecnológicos obligan a crear nuevas palabras y formas de expresión para denominar los nuevos conceptos en las lenguas de especialidad. En general, los lenguajes de especialidad son muy innovadores y cambian a gran velocidad. Dos buenos ejemplos de esta afirmación son el lenguaje de las ciencias experimentales y el de la informática.

A diferencia de los lenguajes técnicos, el jurídico está anclado en fórmulas arcaizantes y expresiones que permanecen invariables desde hace siglos. No obstante, las sociedades cambian, el derecho evoluciona, surgen nuevas modalidades de negocios jurídicos y el lenguaje del derecho se ve obligado a reflejar este dinamismo. Esta tensión entre el conservadurismo que le es consustancial y la necesidad de adaptarse al cambio es uno de los rasgos que hace del estudio de este lenguaje una tarea apasionante.

En las páginas siguientes intento ofrecer una visión general de lo que es el lenguaje legal inglés teniendo en cuenta distintas perspectivas de estudio. Muchos estudiosos se han ocupado del tema del lenguaje jurídico desde el punto de vista de la sociolingüística, la antropología y la pragmática, y en sus trabajos han intentado explicar el papel que desempeña en el establecimiento y conservación de la realidad legal y, en general, del orden social.[1] Sus estudios se han centrado en las estrategias que utilizan los juristas para conseguir sus fines: citar a un testigo a juicio, apelar una decisión, ganar un caso, etc.

Debido a la importancia que tienen los juicios con jurado en los EE.UU., buena parte de la bibliografía norteamericana (y también europea) se ha centrado en el estudio del discurso jurídico oral en los juicios, los mecanismos de persuasión, la forma de dar instrucciones al jurado, el lenguaje de los testigos, los abogados, etc.[2]

Ante esta variedad de planteamientos sobre el lenguaje jurídico, y para sistematizar su estudio, propongo la siguiente división metodológica que está basada en la definición de las tres áreas en las que el lenguaje y el derecho convergen: el lenguaje como instrumentos del derecho y herramienta de los juristas, el lenguaje legal como forma de poder y de discriminación social, y la lingüística forense.

1. **El lenguaje como instrumento del derecho y herramienta de los juristas.** El derecho existe porque existe lenguaje; las leyes se registran y se transmiten mediante el lenguaje. La argumentación jurídica se fundamenta sobre esquemas lingüísticos y los juristas dedican mucho tiempo y estudio al análisis de la interpretación de la «palabra de la ley». Las obras sobre redacción de leyes en España[3] y

---

1. Véase Brenneis, 1988; Danet, 1984; Heller y Freeman, 1987; Goldman, 1983; Loftus, 1980; Maynard, 1984; Thibaut y Walker, 1975, y Walker y Levi, 1990.
2. Véase Danet, 1980; Goodrich, 1987; Harris, 1984; Iturralde, 1989; Lane, 1990.
3. *Normas de Uso del lenguaje jurídico* (1991), de J. Martín; *Curso de Técnica Legislativa* (1989), editado por el Centro de Estudios Constitucionales de Madrid; *La calidad de las leyes* (1989), de Sainz Moreno Silva Ochoa.

sobre Legal Drafting en el mundo anglófono[4] son un buen ejemplo de este planteamiento.

2. El lenguaje legal como forma de poder y como elemento de discriminación social. Las características especiales de este registro hacen que sólo una minoría lo domine. Este hecho, sumado a la compleja organización del sistema legal, coloca a ciertos grupos sociales en desventaja ante la ley. Aquí existe un amplio campo de investigación que intenta definir los motivos de esta situación. Para algunos, se debe únicamente a los intentos deliberados de los juristas de mantener un lenguaje «sólo para iniciados», mientras que para otros la complejidad de los conceptos legales impone el empleo de formas lingüísticas complejas.[5] Los primeros abogan por una simplificación del lenguaje legal para acercarlo a la forma de hablar de la gente de la calle que ha cristalizado en campañas tales como la Plain English Campaign o Simply Stated entre otras.[6]

3. La lingüística forense. Esta disciplina se ocupa del uso de signos lingüísticos (escritos o hablados) como prueba ante los tribunales. Aborda temas relacionados con la comprobación de la veracidad de las pruebas aportadas en un caso mediante análisis grafológicos, reconocimiento de la voz humana, etc.[7]

Para el traductor jurídico, los tres aspectos citados son relevantes. El segundo planteamiento, el estudio del lenguaje jurídico como forma de poder y elemento de discriminación social, puede resultar útil para el traductor, pues es una buena forma de profundizar en el estudio de las intenciones pragmáticas y comunicativas del original, y lo mismo se puede afirmar de la lingüística forense.

Sin embargo, la práctica profesional y docente me han demostrado que el traductor utiliza fundamentalmente el análisis lingüístico y textual que surge de considerar el lenguaje jurídico como instrumento del derecho y como herramienta de los juristas, y por ello he dedi-

---

4. *The Fundamentals of legal Drafting* (1986), de Reed Dickerson; *Legal Writing: Sense and nonsense* (1982) de David Mellinkoff, y *A dictionary of Modern Legal Usage* (1987), de Bryan A. Garner son tres de los más representativos.

5. Un tratamiento más detallado del lenguaje jurídico como forma de poder puede encontrarse en obras como: Brennan (1994); Walsh (1994); Harris (1984, 1988, 1989); Law Reform Commission of Victoria (1987); Maley (1991).

6. Danet (1990) revisa los intentos de simplificar el lenguaje legal llevados a cabo en los últimos años en los EE.UU., Inglaterra, Australia y otros países europeos no anglófonos. Véase también O'Barr (1982); LeClercq (1995), y Plain English Campaign (1996).

7. Para más información sobre lingüística forense véase Gibbons (1990); Coulthard (1994); Giles y Coupland (1991); Smith (1994). Existe también una lista de conversación abierta en Internet denominada *Forensic Linguistics* a la que contribuyen especialistas de todo el mundo y donde se puede obtener información actualizada sobre los diversos procedimientos, técnicas y resultados de investigación en esta disciplina.

cado estas páginas a desarrollar un modelo de análisis y clasificación de los textos legales destinado a traductores jurídicos.

2. Otras perspectivas de análisis

El análisis del discurso legal desde el punto de vista lingüístico y textual es relativamente reciente (Atkinson y Drew, 1979; Shuy y Shunkal, 1980; Harris, 1988; Garner, 1987; Levi, 1990; Tiersma, 1999) aunque, ya en 1963, Mellinkoff realizó un análisis detallado de las características del lenguaje jurídico inglés desde la perspectiva de la lingüística tradicional. En su obra *The Language of the Law*, que se ha convertido en una de las obras clásicas sobre el lenguaje jurídico inglés, Mellinkoff describe el uso moderno del inglés jurídico y lo relaciona con sus orígenes lingüísticos anglosajones, latinos y franceses.

En 1980, Danet revisa los trabajos anteriores referidos al lenguaje legal escrito y resume los resultados obtenidos en el análisis de su prosodia, léxico, gramática y sintaxis. Más tarde, en 1985, esta misma autora describe los rasgos léxicos, sintácticos y discursivos del *Assignment*, uno de los documentos legales británicos con más historia. En esta misma línea de análisis de documentos concretos, Finegan (1982) examina la gramática y la sintaxis de las cláusulas de los testamentos, mientras que Maley (1987) centra su estudio en la sintaxis, léxico y secuenciación de los actos de habla de las Parliamentary Acts, y Hiltunen (1990, cap. 3) lleva a cabo una descripción lingüística detallada de los documentos legislativos. Gustaffson (1984) analiza las expresiones binómicas del tipo *by or on behalf of* como marcas distintivas del lenguaje legal.

Entre las obras que combinan el análisis del lenguaje legal con la traducción, encontramos el libro de Alcaraz (1994), que presenta un estudio pormenorizado de diversos géneros legales ingleses, analizando aspectos conceptuales y proponiendo soluciones de traducción comentadas. La American Translators Association publica en 1995 un monográfico dedicado a la traducción jurídica —ATA (1995), volumen VIII, Marshall Morris (ed.)— en el que se plantean numerosos aspectos relacionados con el lenguaje jurídico.

Por lo que respecta a los registros legales orales, la mayoría de los trabajos se centran en la estructura de poder que se plantea en las vistas orales. Atkinson y Drew (1979) estudian la estructura conversacional de las vistas orales y las marcas distintivas de la misma. O'Barr (1982) centra su estudio en las declaraciones de los testigos en los juicios orales y analiza los marcadores sintácticos de lo que denomina *powerful versus powerless speech*.

El análisis de la estructura de las frases interrogativas ha sido el foco de atención de diversos estudiosos, dada su relevancia en el sistema procesal con jurado. Harris (1984) trata la sintaxis y pragmática de las preguntas planteadas en los juicios ante County Courts en Gran Bretaña. Lane (1990) estudia las preguntas planteadas a los testigos en juicios penales en Nueva Zelanda, mientras que Philips (1984) estudia los tipos de preguntas y respuestas que se producen en los tribunales norteamericanos.

Las investigaciones sobre el lenguaje administrativo han tenido casi siempre una finalidad prescriptiva antes que descriptiva. Dentro de este capítulo hay que citar los estudios generados por el Plain English Movement. Charrow (1982) y Redish (1981), por ejemplo, estudian la gramática, léxico y estructura discursiva de los documentos y normativas gubernamentales, y proponen modificarlas para hacerlas comprensibles al lector medio. Otras disciplinas profesionales que se han estudiado desde esta perspectiva han sido el lenguaje de los negocios y el lenguaje utilizado en el ámbito escolar.

Por último, habría que destacar también los trabajos surgidos desde el ámbito de la «iurilingüística» que combina los conceptos de «lengua del derecho» y el de «derecho de lenguas». Para Solé i Durany (1989), el estudio del lenguaje jurídico tiene dos vertientes: el lenguaje jurídico en sí (que podríamos considerar como las relaciones entre la lengua y el derecho desde el punto de vista de la lengua) y la planificación o la política lingüística en sus aspectos jurídicos; en el primer caso el énfasis está en los aspectos lingüísticos y, en el segundo, en los aspectos jurídicos. Dicho autor considera que el lenguaje jurídico tiene diversas ramificaciones entre las que menciona el lenguaje administrativo, mercantil o comercial, las técnicas legislativas, las técnicas de elaboración de formularios, y la normalización y simplificación de documentos.

Esta propuesta está marcada por la situación de cooficialidad de lenguas en Cataluña y algo similar sucede con los trabajos de Gemar sobre el fenómeno del bilingüismo que existe en Canadá. Gemar también habla de «iurilingüistas», profesionales con formación lingüística y con formación jurídica que se encargarían de traducir los textos jurídicos de una lengua oficial a otra. Sus trabajos sobre lenguaje jurídico presentan una gran preocupación por las dificultades de traducción, que propone resolver con un profundo conocimiento del campo temático del derecho y del derecho comparado.

CAPÍTULO 2

EL LENGUAJE JURÍDICO INGLÉS
A TRAVÉS DE LA HISTORIA

Antes de pasar a describir los rasgos y peculiaridades del lenguaje jurídico inglés como instrumento del derecho y herramienta de los juristas, interesa disponer de una perspectiva histórica que ayude a comprender la evolución de los sistemas de derecho y su concreción en códigos escritos. La evolución del lenguaje legal corre paralela a la evolución de la disciplina que lo contextualiza, el derecho. Por tanto, he dedicado este capítulo a analizar cómo se formó el sistema legal inglés, qué influencias externas recibió, y en qué tradición jurídica está basado.

La costumbre de escribir y conservar los documentos jurídicos ha hecho que los textos de este tipo se encuentren entre los más antiguos que conservamos. Las civilizaciones más antiguas ya utilizaban el lenguaje para codificar y regular el orden administrativo y jurídico. Se han hallado cientos de tablillas de arcilla con inscripciones cuneiformes con textos legales que datan de 3500 a.C. y que pertenecen a la civilización sumeria.[1]

La existencia del lenguaje, primero oral y posteriormente escrito, es indispensable para la fijación del derecho. No hay norma jurídica hasta que no es explicable con palabras, escritas o no. Hasta el momento en que surge la necesidad de explicar las normas, éstas no pasan de ser una mera costumbre o hábito con más o menos tradición.

El empleo de documentos escritos como pruebas legales se remonta al periodo del Reino Antiguo de Egipto, aproximadamente al 2140 a.C.[2] Durante este periodo histórico también hay constancia de que se recogían por escrito los procesos judiciales para exponerlos al

---

1. Véase Kramer (1956).
2. Véase Baines (1983).

público. Otro ejemplo interesante de producción de documentos legales se halla en el Código de Hammurabi de la antigua Babilonia, que data del 1792 a.c.[3]

Entre los hebreos, el Antiguo Testamento se consideraba la *Torá*, es decir la Ley; de él surge el *Priester Codex* en época cristiana y en los finales del Imperio romano el derecho escrito cobra gran importancia. La Antigüedad clásica es conocida por el decidido impulso que dio a la codificación legislativa y al ordenamiento jurídico-administrativo de la sociedad.

En la antigua Inglaterra y durante el periodo comprendido entre los siglos V y XI, la comunicación en la sociedad era fundamentalmente oral. Fuera de la Iglesia, pocos sabían leer o escribir, ni siquiera los miembros de las clases altas. La palabra escrita era monopolio de la clerecía. Y precisamente fue la Iglesia la primera que empezó a utilizar documentos escritos como prueba y recordatorio de las donaciones de tierra y propiedades que recibía de sus fieles.[4]

Los documentos legales actuales tienen sus orígenes en los actos y ceremonias orales de la Edad Media. El estudio de los vestigios documentales demuestra cómo pasaron esas sociedades prealfabetizadas a registrar por escrito los actos jurídicos rituales; y cómo los documentos legales actuales conservan la impronta de esas tradiciones en las que se manipulaban objetos físicos, de forma que, para traspasar tierras, por ejemplo, las partes implicadas se pasaban una a la otra un pedazo de barro o un cuchillo.

El Código Civil romano se dio a conocer en Europa en el *Corpus Iuris Civilis* del Emperador Justiniano en el siglo VI, pero este corpus no se compiló hasta cinco siglos después. En el siglo XI este extraordinario sistema jurídico escrito fue recuperado y utilizado como la ley del Sacro Imperio Romano Germánico, que se consideraba sucesor del antiguo Imperio de los césares. Este código era el que se enseñaba en las universidades medievales que surgen en el siglo XII (especialmente, en las inglesas) y, durante mucho tiempo, se aplicó y ejerció en las ciudades y estados de buena parte de los territorios del antiguo Imperio romano.

A mediados del siglo XV, se codifica el derecho de la Iglesia cristiana, que se redactó en latín bajo la influencia del derecho romano. Este derecho canónico se aplicaba a los miembros de la Iglesia y a los casos con ellos relacionados. Más tarde, el derecho romano y el derecho canónico se fusionan en Inglaterra en el *Common-Law Romano-*

---

3. Véase Goody (1986).
4. Véase Clanchy (1979) y Graff (1987).

Canonical o Ius commune, para facilitar el tratamiento de los casos interestatales y mercantiles.

El desarrollo del sistema legal inglés sigue un curso diferente al del resto del continente europeo, influido por las tradiciones de las tribus germánicas. Estas naciones bárbaras tenían sus propias leyes, no escritas, sino memorizadas y entretejidas en la tradición oral de esos pueblos. Los germanos consideraban el derecho como parte de su patrimonio nacional, una herencia con la que nacía el individuo y que debería acompañarle de por vida, y lo conservaban en los territorios donde se asentaban.

Las tribus germánicas nunca escribían sus leyes, sólo lo hacían los no germánicos. Carlomagno fue el primero que ordenó recopilar las leyes de los francos para poder gobernarlos. Las leyes se transmitían por tradición oral y se memorizaban como formas rituales encerrando, algunas de ellas, una gran poesía: «*by hook and crook, to have and hold, wedding with a ring...*».

Una referencia histórica importante de esta etapa del lenguaje legal en Inglaterra la encontramos en los sesenta y dos testamentos anglosajones que se conservan del periodo comprendido entre 805 y 1066. Basándose en estos singulares testimonios de la historia, Danet (1994) analiza el fenómeno del paso de una sociedad analfabeta, que no recogía sus compromisos legales por escrito, sino que se limitaba a realizar una serie de rituales y ceremonias orales, a una sociedad acostumbrada a registrar los actos legales en documentos con una estructura formal compleja y convencional.

Estos documentos representan los inicios del empleo de textos escritos con fines individuales y por personas no pertenecientes al clero o a la nobleza, que hasta entonces habían sido los únicos en hacer uso del lenguaje legal escrito con fines de divulgación, publicidad o registro. Puesto que el acto de legar consistía en una ceremonia ritual, los documentos de esta época eran testimonios del acto oral que había tenido lugar. La impronta de la oralidad queda reflejada en textos como este testamento de Æthelstan, fechado en 1015:

> Now I pray all the councillors, both ecclesiastical and lay, who may hear my will read, that they will help to secure that my will may stand (Will of Æthelstan, 1015 AD; Whitelock, 1986 [1930]: 62-63).

Otros vestigios del carácter de registro de ceremonias orales que tienen estos documentos son las *curses* o anatemas que aparecen al final de muchos testamentos anglosajones para reforzar sus disposiciones:

And he who shall detract from my will which I have now declared
in the witness of God, may he be deprived of joy on this earth, and
may the Almighty Lord who created and made all creatures exclude
him the fellowship of all saints on the Day of Judgment, and may he be
delivered into the abyss of hell to Satan the devil and all his accursed
companions and there suffer with God's adversaries, without end, and
never trouble my heirs (Will of Wulfgyth, 1046 AD; Whitelock 1986
[1930]: 86-87).

Cuando los normandos invaden la isla en 1066 aportan sus leyes
basadas en la costumbre (francesa) que impusieron como derecho de
sus privilegios: la ley feudal. Con Guillermo el Conquistador, la clase
dominante se convierte en francófona y, al inicio del siglo XII, los re-
yes normandos intentan centralizar las leyes de la isla bajo su control,
aunque sin homogeneizarlas, es decir, respetando la idiosincrasia local, pero estableciendo órganos de control centrales. De esta forma,
en Inglaterra aparece un derecho común a toda la nación, el *Common
Law*, con mezcla de varios sistemas y tres lenguas: inglés antiguo,
francés normando de la clase dominante y latín de la curia cultivada.

En sus inicios, este sistema constaba de un tribunal central *(King's
Bench)* que se reunía en Londres y de una serie de jueces itinerantes
(Circuit judges) que viajaban por las distintas regiones impartiendo
justicia. En esas fechas surge el sistema de Equidad *(Equity)* que se
crea para dar la posibilidad a los ciudadanos de recurrir a una instancia superior. Los ciudadanos que no estaban de acuerdo con la decisión de los tribunales arriba citados, podían ahora apelar a la justicia
del Rey a través de su representante el *Chancellor*, de donde surge el
tribunal especial denominado *Court of Chancery*.

El *Common Law* se ocupaba en sus orígenes de pocas cuestiones,
entre ellas el derecho inmobiliario *(Land Law)* y algunos aspectos del
derecho penal *(Criminal Law)*. A lo largo de los siglos ha ido am-
pliándose con los Statutes (leyes promulgadas por el Parlamento) y se
complementa con las *Courts of Equity*, *Chancery* y *Admiralty* para con-
vertirse en un auténtico sistema jurídico nacional.

Después de la Conquista, los juristas tenían que tratar con la aristocracia normanda y ejercían su profesión en francés. Pero a medida
que el tiempo y los cambios políticos alejaban a la aristocracia de su
pasado normando, el lenguaje jurídico se fue distanciando también
del francés. En 1327, el *Statute of Pleadings*, prohíbe terminantemen-
te utilizar el francés en los tribunales obligando a utilizar el inglés
para la lengua hablada y el latín para la escrita. Durante la Edad Media, la Iglesia Cristiana ostenta el monopolio de la cultura, y los li-

bros, incluyendo los escritos jurídicos y los destinados a la formación de los juristas, se escriben en latín.

Este *Statute* fue desatendido y siguió utilizándose el francés, que iba adquiriendo formas cada vez más extrañas. En 1650, Cromwell potencia una ley de reforma para que el lenguaje utilizado ante los tribunales fuera el inglés, tanto escrito como hablado. Este intento también fracasa, pero en 1731 el rey Jorge II lo intenta de nuevo. Esta vez el movimiento tiene éxito gracias a la aparición de los *Commentaries on the Laws of England*, de Blackstone (1758), el primer tratado sobre derecho escrito en inglés. El uso del francés queda desde entonces anticuado y sigue un lento proceso de desaparición, mientras que el inglés se introduce en la universidad y se impone como lengua culta y de prestigio.

Este breve repaso histórico pone de manifiesto las múltiples influencias que ha recibido el derecho inglés: primero el derecho autóctono, el de las tribus germánicas; después, el latín a través del *Corpus Iuris Civilis*; y por último, el francés normando. Esta parcela del conocimiento ha conocido una evolución lingüística singular que ha cristalizado en un lenguaje de especialidad con abundancia de términos latinos y franceses, que han perdurado desde épocas remotas debido a su carácter conservador y arcaizante. Por último, es curioso observar cómo cada lengua ha marcado con distinta intensidad las diferentes ramas del derecho. En el derecho civil, por ejemplo, se cuentan numerosos vocablos y expresiones latinos, mientras que en el procesal abundan los términos franceses, tal como veremos en el siguiente capítulo al estudiar el léxico jurídico.

Capítulo 3

EL LENGUAJE JURÍDICO INGLÉS COMO SISTEMA LINGÜÍSTICO PECULIAR

Los textos legales ingleses presentan un léxico particular y limitado junto con unas características morfosintácticas y textuales propias, que los distinguen claramente de cualquier otro tipo de texto. Lo primero que llama la atención al leer un texto legal es su extraordinaria formalidad y convencionalismo, atribuibles al cáractr oficial y representativo de los órganos o personas que los emiten. No en vano el lenguaje legal, tanto en inglés como en otros idiomas, es un lenguaje puramente instrumental, un tecnolecto profesional destinado, en general, a la comunicación entre personas con una misma formación.

Otro aspecto característico es la impersonalidad, con la que se pretende dar una sensación de objetividad y distanciamiento, y que se logra evitando los pronombres personales, los adjetivos, los adverbios intensificadores *(very, more...)*, las interjecciones *(¡Goodness!, Not at all!, Indeed!...)* y multiplicando las nominalizaciones que normalmente aparecen posmodificadas *(The directors may make payments for or lowards the insurance of any such persons...)*. Para evitar la ambigüedad, los juristas utilizan frases largas con subordinadas múltiples, con lo que se consiguen textos alambicados de muy escasa puntuación y de lectura farragosa. Con este mismo objetivo, el lenguaje jurídico hace un uso muy limitado de las partículas anafóricas *(it, this, that...)*, prefiriendo la repetición de frases completas y nombres propios.

Este capítulo describe estos y otros aspectos característicos de este lenguaje de especialidad a distintos niveles: grafémico, léxico, morfosintáctico y textual, ilustrados con ejemplos tomados de textos legales auténticos. Pero antes de seguir, debo puntualizar que, al hablar de lenguaje legal inglés, me referiré exclusivamente al lenguaje legal británico, ya que el lenguaje legal norteamericano presenta unas características propias bien diferenciadas que no abordaré en este trabajo.[1] La falta de uniformidad entre la terminología jurídica en los países de influencia británica y en los de influencia americana constituye un problema añadido para el estudio del lenguaje jurídico inglés.

En los territorios de influencia británica (Inglaterra, islas del Canal, Isla de Man, Australia, Bahamas, Singapur, islas Vírgenes británicas, islas Caimán) predomina la influencia británica en la legislación, la redacción de instrumentos legales, etc., pero con unas reglamentaciones locales y ciertas peculiaridades léxicas. Lo mismo se puede decir de las áreas de influencia norteamericana.

El traductor jurídico que trabaja del inglés al español necesita consultar también obras sobre el lenguaje jurídico español. Por desgracia, la bibliografía sobre el lenguaje jurídico español es muy escasa, y prácticamente todo lo que se ha descrito sobre este tema se ha publicado en Sudamérica. En este apartado encontramos la obra de Carrió, *Notas sobre derecho y lenguaje* (1990); la de Gómez y Bruera, *Análisis del lenguaje jurídico* (1995), y el libro de Duarte y Martínez, *El lenguaje jurídico* (1994), que plantea el estudio del lenguaje jurídico como lengua de especialidad.[2]

1. Aspectos grafémicos

1.1. FORMATO DEL TEXTO

El estudio de la evolución de la disposición grafémica de los textos legales a través de la historia nos ayuda a entender mejor ciertas peculiaridades de formato. Los textos más antiguos mostraban un formato poco diferenciado, mientras que los actuales utilizan diversas convenciones tipográficas (formato de párrafo, tipo de letra, sangrados, etc.) para diferenciar secciones y señalar la importancia relativa de los distintos apartados. Este rasgo del lenguaje legal actual es atribuible a la necesidad de reflejar la secuenciación lógica del pensamiento, razonamiento o recuento de hechos. En palabras de Crystal y Davy:

> Thus legal English, at least from a graphetic and graphological point of view, has something in common with many other varieties in which clear logical sequence is essential... It can be seen from all this that the legal draftsman is prepared to call attention by graphetic and graphological means to any grammatical unit or combination of units

---

1. Véase *El lenguaje jurídico norteamericano*, Alcaraz, Campos y Gianbruno (2000).
2. Véase también Aguirre (1983); Calvo (1980, 1985); Hernández Gil (1986); Iturralde (1989); Martín (1991); Pardo (1992); Prieto (1991); Rodríguez-Aguilera (1969).

in order to point more effectively the meaning of the whole document (Crystal y Davy, 1969).

Un buen ejemplo de lo anterior lo podemos observar en el fragmento de un contrato de compraventa inglés *(Sales Agreement)* que reproduzco a continuación y en el que se puede apreciar perfectamente el uso de la negrita, mayúsculas, sangrados, numeración, etc., para estructurar la información.

STANDARD CONDITIONS OF SALE (SECOND EDITION)

(NATIONAL CONDITIONS OF SALE 22nd EDITION, LAW SOCIETY'S CONDITIONS OF SALE 1992)

1.   **GENERAL**
1.1   **Definitions**
1.1.1 In these conditions:
   (a) "accrued interest" means:
     (i) if money has been placed on deposit or in a building society share account, the interest actually earned
     (ii) otherwise, the interest which might reasonably have been earned by depositing the money at interest on seven days' notice of withdrawal with a clearing bank
     less, in either case any proper charges for handling the money
   (b) "agreement" means the contractual document which incorporates these conditions, with or without amendment
   (c) "banker's draft" means a draft drawn by and on a clearing bank
   (d) "clearing bank" means a bank which is a member of CHAPS and Town Clearing Company Limited
   (e) "completion date", uniess defined in the agreement, has the meaning given in condition 6.1.1
   (f) "contract" means the bargain between the seller and the buyer of which these conditions, with or without amendment, form part
   (g) "contract rate", unless defined in the agreement, is the Law Society's interes rate from time to time in force
   (h) "lease" includes sub-lease, tenancy and agreement for a lease or sub-lease
   (i) "notice to complete" means a notice requering completion of the contract in accordance with condition 6
   (j) "public requirement" means any notice, order or proposal given or made (whether before or after the date of the contract) by a body acting on staturory authority
   (k) "requisition" includes objetion
   (l) "solicitor" includes barrister, duly certificated notary public, recognised licensed conveyancer and recognised body under sections 9 or 32 of the Administration of Justice Act 1985
   (m) "transfer" includes conveyance and assignment

(n) "working day" means any day from Monday to Friday (inclusive) which is not Christmas Day, Good Friday or a statutory Bank Holiday.

1.1.2 When used in these conditions the terms "absolute title" and "office copies" have the special meanings given to them by the and Registration Act 1925.

1.2 **Joint parties**

It there is more than one seller or more than one buyer, the obligations which they undertake can be enforced against them all jointly or against each individually.

3.1.2 The incumbrances subject to which the property is sold are:

(a) those mentioned in the agreement
(b) those discoverable by inspection of the property before the contract
(c) those the seller does not and could not know about
(d) entries made before the date of the contract in any public register except those maintained by HM Land Registry or its Land Charges Department or by Companies House
(e) public requirements.

3.1.3 The buyer accepts the property in the physical state it is in at the date of the contract, uniess the seller is butlding or converting it.

3.1.4 After the contract is made, the seller is to give the buyer written details without delay of any new public requirement and of anything in writing which he learns about concerning any incumbrances subject to which the property is sold.

3.1.5 The buyer is to bear the cost of compiying with any outstanding public requiremer and is to indemnfy the seller against any liability resulting from a public requirement.

3.2 **Leases affecting the property**

3.2.1 The following provisions apply if the agreement states that any part of the property is sold subject to a lease.

3.2.2 (a) The seller having provided the buyer with full details of each lease or copies of the documents embodying the lease terms, the buyer is treated as entering into the contract knowing and fully accepting those terms

(b) The seller is to inform the buyer without delay if the lease ends or if the seller learns of any application by the tenant in connection with the lease, the seller is then to act as the buyer reasonably directs, and the buyer is to indemnify him against all consequent loss and expense.

(c) The seller is not to agree to any proposal to change the lease terms without the consent of the buyer and is to inform the buyer without delay of any change which my be proposed or agreed

(d) The buyer is to indemnify the seller against all claims arising from the lease afteer actual completion: this includes claims which are unenforceable against a buyer for want of registration

(e) The seller takes no responsibility for what rent is lawfully recoverable, nor for whether or how any legislation affects the lease

> (f)   If the let land is not wholly within the propery, the seller may apportion the rent.
>
> **3.3   Retained land**
> 3.3.1 The following apply where after the transfer the seller will be retaining land near the property.
> 3.3.2 The buyer will have no right of light or air over the retained land, but otherwise

EJEMPLO 3.1.   *Fragmento de* Sales Agreement.

1.2.   EMPLEO DE MAYÚSCULAS

En los textos legales ingleses se observa un empleo característico de las mayúsculas. Las iniciales góticas, que actualmente siguen empleándose en algún tipo de documentos, podrían atribuirse a la tradición iluminista de los manuscritos ilustrados de la Edad Media. Hoy en día se conservan para resaltar la importancia de un término determinado u organizar la secuenciación del texto, en cuyo caso aparece toda la palabra en mayúsculas. El uso de mayúsculas en posición inicial se utiliza para dignificar ciertos términos, como, por ejemplo, los actores principales de un documento *(Life insured, Agent* o *Collector)*, ciertas partes o secciones del documento en sí *(Schedule, Registered Rules...)* o las instituciones u órganos colegiados *(Committee of Management, Board of Directors...).*

En el lenguaje jurídico existen ciertas convenciones para el uso de mayúsculas: se escriben siempre en mayúsculas las referencias a normas legales *(the Rule in Caxton's Case)*; los nombres de las embarcaciones, que en el siglo pasado aparecían con la primera letra en mayúscula, en la actualidad suelen aparecer con todas las letras en mayúsculas *(THE HARRISBURG* es como aparecería el nombre de un barco en la documentación de un caso judicial); los nombres de los jueces aparecen totalmente en mayúsculas cuando se les cita como precedentes judiciales, y sólo con mayúscula la primera letra en el resto de los casos; las marcas comerciales aparecen totalmente en mayúsculas para diferenciarlas del nombre de la empresa, tal como se observa en el siguiente ejemplo: «In addition, starting from the time of the changeover to EXXON as its primary mark, Exxon developed plans for extended use of the HUMBLE mark, as reflected in numerous internal memoranda» (tomado de Garner, 1987).

En la primera página de un testamento inglés *(Last Will and Tes-*

tament) se pueden observar algunos de los usos de las mayúsculas que se han citado: uso de iniciales góticas, empleo de palabras enteras en mayúsculas para secuenciar el texto, mayúsculas en posición inicial para dignificar ciertos términos.

𝕿𝖍𝖎𝖘 𝖎𝖘 𝖙𝖍𝖊 𝖑𝖆𝖘𝖙 𝖂𝖎𝖑𝖑 𝖆𝖓𝖉 𝕿𝖊𝖘𝖙𝖆𝖒𝖊𝖓𝖙

of John Smith
of Townhill

I GIVE AND BEQUEATH to my executor and trustee ... the legacy of L...
... free of inheritance...
I DEVISE AND BEQUEATH all my real and personal estate whatsoever unto my trustee UPON TRUST that my trustee shall sell call in and collect or otherwise convert into money such parts thereof as shall not consist of ready money and shall out of the moneys to arise from such sale calling in collection and conversion and the ready money of which I shall be possessed at my death pay my funeral and testamentary expenses and debts and legacy and shall hold the residue of all the said moneys UPON TRUST for

---

EJEMPLO 3.2.   *Fragmento de* Last Will and Testament.

1.3.   PUNTUACIÓN

La ausencia casi total de puntuación que presentan algunos textos jurídicos responde a un intento de eliminar la posibilidad de que alguien manipule el texto. Otra razón es que, hasta el siglo XVIII, la puntuación no se utilizaba más que para facilitar la lectura y, como los textos legales no se escribían para ser leídos, sino para ser conservados y archivados, no se consideraba necesario puntuarlos:

> ... the law does not concern itself with punctuation because
> (it was said) from antiquity the statutes and other legal documents
> were not punctuated. The practical result for later generations of
> lawyers and legal scriveners was an indifference to punctuation and an
> addition to the long sentence. The long sentence was not a matter of
> carelessness but of principle. That was the way it had always been
> done and that was the way to do it. Since the original basis —the oral
> basis— of punctuation was either not known or forgotten, the long
> sentence continued in the law despite a change outside the law to
> "grammatical" or "logical" theories of punctuation (Mellinkoff, 1963).

El conservadurismo de este registro ha hecho que se conserve este rasgo como una reminiscencia del pasado. En el siguiente pasaje de un poder notarial inglés *(Power of Attorney)* se observa claramente esa falta de puntuación:

POWER OF ATTORNEY

KNOW ALL MEN BY THESE PRESENTS that   INC a company
incorporated under and pursuant to the Laws of the Republic of Liberia of
Street, Monrovia, Republic of Liberia, has made constituted
and appointed and by these presents does make constitute and appoint
MR,   c/o
        House,   , London   , England   (hereinafter
called the "Attorney") its true and lawfull ATTORNEY for it and in its
name place and stead to transact any business directly or indirectly with
any bank or banker or broker or any other financial institution individual
corporation or co-partnership to execute draw or accept and deliver notes
drafts or bills of exhange for the payment of loans notes drafts and bills
of exchange any stocks bonds or other securities choses in action and any
other tangible or intangible property as he may trink fit and to make
substitution of the same to make deposits to its or to his own credit to
sign endorse deliver for deposit or collection notes cheques bills of
exchange and other contracts and instruments in writing with or without
seal as its said Attorney may deem proper and to open any and all bank
accounts of all types kinds and description in its name or in his name in
any bank to open and maintain savings account or accounts in its name
or in his name and to do directly or indirectly all that is necessary to
maintain bank cheque accounts or savings or credcit accounts in its name
or in his name and to buy sell mortgage hypothecate transfer or
otherwise dispose of any and all stocks bonds securities and all personal
and real property of whatsoever nature and description for it and in its
name to commence and prosecute any suits or actions or other legal
proceedings before any court or tribunal in any part of the world for the
recovery or the possession of any such lands or property or for any goods
chattels debts duties demands cause or thing whatsoever due or to
become due or belonging to it and to prosecute and follow and
discontinue the same if he shall deem proper and for it and in its name
to commence and prosecute any and all suits or actions or other legal
proceedings in any court or other tribunal or before any government
department or agency or any gobernment of any country for the
protection of its interests in any matter of

EJEMPLO 3.3.   *Fragmento de* Power of Attorney.

La falta de puntuación es aquí tan acusada que hace difícil su comprensión. Podemos plantearnos si la falta de puntuación no se utiliza únicamente como recurso para evitar interpretaciones no deseadas, sino también para dotar al texto de una cierta ambigüedad, que los abogados podrán discutir e interpretar a su conveniencia en cada momento.

Hoy en día, se reconoce la utilidad de la puntuación como apoyo de la estructura gramatical, siempre que se utilice de forma sistemática, siguiendo unas normas fijas. De cualquier modo, la puntuación en los textos legales suele ser mucho menor que en los textos de carácter general. Esta circunstancia provoca importantes dificultades para el traductor jurídico, que a menudo se ve obligado a interpretar de forma subjetiva el texto para compensar las ambigüedades sintácticas.

2. Aspectos léxicos

El inglés ha tomado multitud de morfemas y términos del latín y del francés y, hoy en día, los vocabularios especializados del inglés (ya sea científico, técnico, médico o jurídico) están repletos de neologismos de base grecolatina. Al ser la lengua original del Nuevo Testamento, el griego dejó una profunda huella en todas las culturas europeas y las aportaciones e influencias posteriores de otras lenguas han sido mucho más limitadas.

En la mayoría de los tecnolectos, el vocabulario iba creciendo para satisfacer las necesidades de desarrollo y progreso que experimentan las distintas disciplinas. El caso del inglés jurídico es especial, porque el derecho es una disciplina que se aferra a las formas clásicas, y que actúa con mucha cautela en el campo lingüístico para evitar ambigüedades, malentendidos, interpretaciones erróneas, etc. Por tanto, las ampliaciones de léxico que ha conocido este tecnolecto son menores que las que se han producido en los lenguajes de especialidad de las ciencias y la tecnología.

Esto no quiere decir que el lenguaje jurídico no vaya evolucionando, pues es evidente que los sistemas jurídicos van cambiando y adaptándose a los nuevos tiempos y circunstancias sociales; estos cambios arrastran al lenguaje, que regula su ordenamiento y le obligan a cambiar y modernizarse a su vez. Ahora bien, esta evolución es más lenta y paulatina que la que se observa, por ejemplo, en el lenguaje de la informática o la medicina, y está determinada por la voluntad expresa de los juristas de ir fijando el significado de las palabras en la jurisprudencia y en las leyes, tal como apunta Alcaraz:

> El carácter resbaladizo de los significados de las palabras confiere viveza y variedad al lenguaje cotidiano, al tiempo que lo convierte en fuente inagotable de sentidos. Esta situación, que difícilmente sería aceptable en un lenguaje especializado, queda parcialmente paliada en el jurídico gracias a la fijación de sentidos efectuadas por los jueces en las interpretaciones recogidas en los Repertorios de Jurisprudencia

(Law Reports), a la labor de los teóricos y a las definiciones que da a muchos términos el Parlamento en cada una de las leyes *(acts o statutes)* que promulga (Alcaraz, 1994).

Además, hay que señalar que el lenguaje jurídico incluye ciertas parcelas que evolucionan a un ritmo mucho más rápido que otras. El derecho mercantil es quizá la rama del derecho en la que la evolución del léxico se aprecia con más claridad, porque las modalidades de contratación, los sistemas de transporte y los medios de pago han conocido importantes cambios en las últimas décadas. Sin embargo, el léxico del derecho canónico o del derecho de sucesiones evoluciona mucho más lentamente.

Mellinkoff (1963) realizó una descripción exhaustiva del léxico del lenguaje jurídico inglés que ha influido poderosamente en casi todos los estudios posteriores sobre el tema. Su estudio establece las diversas categorías para definir el léxico del registro legal (véase cuadro 3.1).

2.1. TÉRMINOS DE LA LENGUA GENERAL CON UN SIGNIFICADO ESPECIAL

El lenguaje jurídico se compone de términos de la lengua cotidiana y términos habituales con significados particulares que constituyen la terminología especializada *(terms of art)*. Veamos unos cuantos ejemplos de términos que adquieren un significado especial en el lenguaje jurídico (cuadro 3.2).

2.2. ARCAÍSMOS Y EXPRESIONES FORMALES

Abundan los términos y expresiones arcaizantes *(witneseth, whither, whilst, hereto, hereon, hereunder, hereinbefore)*;[3] y los términos

CUADRO 3.1. *Categorías del léxico jurídico según Mellinkoff (1963)*

Categorías del léxico jurídico
I.   Términos de la lengua general con un significado especial
II. Arcaísmos (del inglés antiguo y del inglés medio) y expresiones formales
III. Palabras y expresiones latinas y francesas que no existen en el vocabulario general
IV. Términos de especialidad
V.   Jerga profesional

---

3. En el cuadro 3.9 aparecen analizadas estas preposiciones sufijadas, que constituyen uno de los rasgos más característicos del lenguaje jurídico inglés.

CUADRO 3.2.   *Términos que adquieren un significado especial*
en el lenguaje jurídico (Mellnkoff, 1963)

Término	Significado especializado
Action	*law suit* (proceso judicial)
Covenant	*Sealed contract* (contrato otorgado con ciertas garantías)
Demise	*To lease* (arrendar)
Executed	*Signed and delivered*
Hand	*Signature* (firma)
Instrument	*Legal document* (documento legal)
Serve	*Deliver legal papers* (notificar)
Specialty	*Sealed contract* (contrato otorgado con ciertas garantías)

muy formales *(duly, deemed, expiration, termination...)*. En inglés se denominan *legalisms* y *lawyerisms* a los circunloquios, los términos muy formales o arcaizantes que los juristas utilizan en sus escritos, y que, por lo general, es recomendable evitar, especialmente si se pretende que el lenguaje legal sea accesible a todo el mundo. En el cuadro 3.3 están algunos de los más habituales, junto con el término equivalente en un registro menos formal.

Una cuestión distinta es la de los términos muy formales que abundan en el lenguaje jurídico y forman parte de su léxico característico. La lista del cuadro 3.4 procede de Garner (1987) y presenta una relación de términos formales particulares del lenguaje jurídico junto con su equivalente en lenguaje coloquial.

2.3.   PALABRAS Y EXPRESIONES LATINAS Y FRANCESAS INEXISTENTES
         EN EL VOCABULARIO GENERAL

Los juristas ingleses tienen una cultura profesional especial formada por términos y expresiones del latín, francés e inglés antiguo. La mayoría de los elementos foráneos provienen del latín, y muchos de ellos pasaron al inglés jurídico a través del francés, por las razones históricas que ya vimos en el capítulo 2. Los términos extranjeros se introducen en el inglés a tres niveles: préstamo, adopción y derivación, así como por calcos.

1.   **Préstamo.**   No cambia su forma original y no pasan a formar parte del léxico general de una lengua. Algunos ejemplos de préstamos del latín serían: *Mens rea* (intención dolosa); *ex parte* (por instancia de parte, con la asistencia de una de las partes solamente); *writ of fieri facias* (auto ejecutivo de una sentencia); *prima facie* (a prime-

CUADRO 3.3.   *Términos excesivamente formales del lenguaje jurídico* (legalisms)
y su equivalente en lenguaje ordinario (Mellinkoff, 1963)

Términos extremadamente formales (legalisms)	Términos equivalentes en el lenguaje ordinario
Abutting	Nex to
Adequate number of	Enough
Adjacent to	Next to
Anterior to	Beforee
At the time when	When
For the reason that	Because
It is directed	Shall
It shall be lawful	May
It shall be legal	May
Per annum	A year
Per diem	A day
Pursuant to	In accordance with, under
Subsequent to	After

CUADRO 3.4.   *Términos formales característicos del lenguaje jurídico y su equivalente en lenguaje ordinario (Garner, 1987)*

Término formal	Término coloquial	Término formal	Término coloquial
Annex	Attach	Expedite	Hasten
Announce	Give out	Expend	Spend
Append	Attach	Expiration, expiry	End
Assign	Give	Forthwith	Immediately
Cease	Stop	Imbibe	Drink
Complete	Finish	Initiate	Begin
Conceal	Hide	Inquire	Ask
Deem	Consider	Institute	Begin
Demise	Death	Interrogate	Question
Desist	Stop	Intimate	Suggest
Detain	Hold	Necessitate	Require
Determine	End	Peruse	Read
Donate	Give	Portion	Part
Effectuate	Carry out	Possess	Have
Evidence	Show	Present	Give

ra vista); *bona fide* (de buena fe). Ejemplos de préstamos del francés son: *fait accompli* (hecho consumado); *force majeur* (fuerza mayor); *feme covert* (mujer casada); *feme sole* (mujer soltera); *lien* (derecho prendario).

2. **Adopción.** Se han convertido en palabras inglesas, pero su forma ha cambiado poco o nada: *impugn* (impugnar); *abscond* (deli-

to de fuga o evasión); *alibi* (coartada); *demurrer* (objeción). Lo que ha cambiado, en ocasiones, es la pronunciación.

3. **Derivación.** Han entrado en la lengua por adopción, pero con el tiempo han cambiado su forma: *caveola* (lat., *little hole*) = *gaol* (OE) = *jail; juge* (fr.) = *judge; juré* (fr.) = *jury*.

4. **Calcos.** Otro fenómeno importante es el de los calcos, vocablos surgidos de la traducción de expresiones extranjeras correspondientes a conceptos característicos de la lengua de partida y que hoy se utilizan en su forma inglesa. Del latín hay innumerables ejemplos (cuadro 3.5).

También podemos encontrar múltiples ejemplos de calcos del francés (cuadro 3.6).

2.4. Términos de especialidad

Conviene distinguir entre los términos de especialidad, los denominados *terms of art*, para los que no existe un equivalente en el léxico general, y los latinismos, que son vestigios del latín y para los que

CUADRO 3.5.   *Calcos procedentes del latín que forman parte del lenguaje jurídico inglés*

Término latino	Término inglés
Contra pacem	Against the peace
Onus probandi	Burden of proof
Mors civilis	Civil death
Damnum absque injuriam	Damage without injury
Bona et catalla	Goods and chattels
Habendum et tenendum	Have and hold
Ultima voluntas	Last will
Lex mercatoria	Law merchant
Vi et armis	With force and arms

CUADRO 3.6.   *Calcos procedentes del francés que forman parte del lenguaje jurídico inglés*

Término francés	Término inglés
Actio sur le cas	Action on the case
Prochain ami	Next friend
Sur peine de	On pain of
Plaider de rien culpable	Plead not guilty
Sous pein de (lat, sub poena)	Under pain of

existe un equivalente en inglés. La primera categoría incluye expresiones como *prima facie* (a primera vista), *ex parte* (por instancia de parte, con la asistencia de una de las partes solamente), *habeas corpus* (ley básica de protección de los derechos del detenido), *alibi* (coartada) y *quorum* (quórum).

Existe otra categoría de palabras que, a pesar de tener un equivalente en el lenguaje ordinario, se han consolidado por el uso, como, por ejemplo, *bona fide* (de buena fe), *amicus curiae* (amigo del tribunal) o *versus* (contra). Como ejemplo de latinismos innecesarios podríamos citar el uso de *sub suo periculo (at his own risk), contradictio in adjecto (contradiction in terms), it be solvendum in futuro (paid in the future).*

2.5. JERGA PROFESIONAL

La jerga profesional es una forma de comunicación que han desarrollado los miembros de una profesión para comunicarse entre ellos con rapidez y eficacia y, en ocasiones, para evitar que las personas ajenas a su profesión les entiendan.

La jerga legal *(legal argot)* incluye desde expresiones muy coloquiales como, por ejemplo, *horse case,*[4] hasta términos muy técnicos, como *res ipsa loquitor* (los hechos hablan por sí solos). De hecho, a veces es difícil decir si un término pertenece a la terminología especializada *(terms of art)* o forma parte de la jerga profesional. Lo que nos puede ayudar a diferenciar estas dos categorías es el hecho de que la jerga es una especie de código taquigráfico que permite expresar ideas largas con pocas palabras y para comunicarse entre miembros de la profesión. Así pues, la jerga profesional sólo se utiliza entre profesionales, y un abogado puede usar el término *corpus delicti* al dirigirse al juez, pero deberá evitarlo si se dirige a un jurado.

Un buen ejemplo del carácter críptico, telegráfico y restringido a un grupo profesional de la jerga legal es el término *Whiteacre*, nombre figurado con el que los abogados hacen referencia a dos propiedades inmobiliarias distintas —*Whiteacre* y *Blackacre*— en los litigios relativos a la propiedad. Otros ejemplos de este tipo de expresiones serían: *clean hands* (expresión metafórica que proviene del derecho de equidad, *He who comes to Equity must come with clean hands...*, y se refiere a que el que acude los tribunales debe tener la conciencia limpia);

---

4. La expresión *whitehorse case* sirve para denominar un caso que forma parte de la jurisprudencia y que es tan similar al que se está juzgando en ese momento que son prácticamente iguales; también se utilizan con el mismo sentido las expresiones *whitehorse case, goose case, case on all fours.*

pierce the corporate veil (desvelar la identidad de las partes de una sociedad mercantil); *reasonable man* (individuo con plenas facultades mentales), o *side bar* (elipsis de *side bar conference*, conversación entre los abogados de un caso y el juez sin que el jurado pueda escucharles).

2.6. TERMINOLOGÍA ESPECÍFICA DE LAS DISTINTAS RAMAS DEL DERECHO

La terminología asociada al **proceso judicial** es muy tradicional y se remonta a los tribunales ingleses de la Edad Media, cuando el lenguaje hablado era el francés y los documentos se redactaban en latín. Son frecuentes términos como: *action, adjourn, allegation, bar, brief, claim, contingent fee, counterclaim, court, letters rogatory* y *motion*.

En el ámbito del **derecho civil**, la influencia llegó en su mayor parte de través del clero latino, pero también a través de las *Equity courts: Court of Admiralty* y *Courts of Law Merchant*. Aparecen con frecuencia términos como: *actor, censor, client, edict, federal, litigation, magistrate, stipulation, tribunal, usufruct*.

La terminología de **derecho mercantil** ha seguido una evolución particular. La *Common Law* no se ocupaba de los contratos, ya que, cuando surgió, Inglaterra tenía una economía de base agrícola. Tuvo que tomar muchos términos del derecho civil y de la *Law Merchant* a principios del siglo XVII. Por este motivo, este campo tiene numerosos términos latinos *(accede, accommodation, assign, bankrupt, consideration, default, discharge, indemnity, liable, subrogation)* y menos franceses.

El lenguaje del **derecho de sucesiones** *(Probate Law)*, el utilizado en los testamentos, es una mezcla del francés, el lenguaje de los herederos de la tierra en Inglaterra y el latín del derecho romano que el derecho canónico había mantenido vivo en las *Courts of Probate*, los tribunales que se ocupaban de los casos de herencias. Son prueba de ello los términos: *ademption, aliquot, administrator, assets, assigns, bequeath, chattels, devise, endowment*.

La terminología que se utiliza en el **derecho penal** pone de manifiesto la dicotomía entre el francés, la lengua habitual de los tribunales, y el latín del registro escrito: *aid and abet, accomplice, actus reus, alibi, arson, bribery, burglary, conspiracy*.

Con la iglesia cristiana cambian los conceptos de matrimonio, divorcio, legitimidad, etc. Como consecuencia, la terminología del **derecho de familia** refleja unas bases del *Old English* con todos los cambios que introduce el Derecho Canónico *(Canon Law)*. Son términos habituales de esta rama del derecho inglés: *alimony, annulment, bigamy, collusion, condonation, conjugal, dowry, minor*.

3. Aspectos morfosintácticos

> Anfractuosity, or syntactic twisting and turning and winding, has
> been one of the historical bans of legal prose. It was more common in the
> late nineteenth and early twentieth century than it is today (Garner, 1987).

La sintaxis es el rasgo más característico y diferenciador del lenguaje jurídico inglés y el que causa más dificultades de comprensión. En general, las frases son largas, con abundante postmodificación, a veces con un orden que no es el habitual en otros registros de la lengua, y con construcciones verbales y preposicionales especiales. Pero quizás lo más llamativo, y lo que más ambigüedad y problemas de comprensión produce, es la acumulación de modificadores que, unida a la falta de puntuación, hace que a veces resulte prácticamente imposible identificar el foco de tanta modificación:

El fragmento siguiente de la escritura de constitución de una sociedad mercantil *(Memorandum of Association)* es un buen ejemplo de la anfractuosidad de los textos legales, en él se puede observar una primera frase muy larga con múltiples cláusulas subordinadas que modifican al sintagma verbal (ejemplo 3.4).

Entrando en detalles, los **principales rasgos sintácticos del lenguaje jurídico inglés** serían los que a continuación enumero y que posteriormente analizaré e ilustraré con ejemplos (véase cuadro 3.7).

También son aspectos únicos del lenguaje jurídico la omisión de las partículas interrogativas, el empleo especial de los condicionales, la extraordinaria longitud y complejidad de las frases, y el uso de expresiones binómicas y estructuras paralelas.

3.1. ABUNDANCIA DE LAS NOMINALIZACIONES CON POSTMODIFICACIÓN

En los textos legales se observa una frecuencia de las nominalizaciones mayor de lo normal, con una marcada preferencia por la

CUADRO 3.7.   *Rasgos sintácticos del lenguaje jurídico inglés*

I.	Abundancia de nominalizaciones con postmodificación
II.	Frecuencia de la pasiva
III.	Empleo de determinantes especiales con premodificación
IV.	Locuciones preposicionales peculiares
V.	Uso de grupos verbales peculiares
VI.	Preposiciones sufijadas exclusivas del lenguaje legal
VII.	Aparición de adverbios en posición inicial como conectores

85. The Directors may establish and maintain or procure the establishment and maintenance of any contributory or non-contributory pension or superannuation funds or death or disability benefits for the benefit of, or give or procure the giving of donations, gratuities, pensions, allowances or emoluments to, any persons who are or were any time in the employment or service of the Company or of any company which is a subsidiary of the Company or is allied or associated with the Company or with any such subsidiary company or who are or were at any time Directors or officers of the Company or of any such other company as aforesaid and holding or who have held any salaried employment or office in the Company or such other company and the wives, widows, families and dependants of any such persons. The Directors may also establish and subsidise or subscribe to any institutions, associations, clubs or funds calculated to be for the benefit of or to advance the interests and well-being of the Company or of any such other company as aforesaid or of any such persons as aforesaid and may make payments for or towards the insurance of any such persons as aforesaid and subscribe or guarantee money for charitable or benevolent objects or for any exhibition or for any public, general or useful object. The Directors may do all or any of the matters aforesaid, either alone or in conjunction with any such other company as aforesaid. Any Director holding any such employment or office shall be entitled to participate in and retain for his own benefit any such donation, gratuity, pension, allowance or emolument.

EJEMPLO 3.4.   *Fragmento de* Memorandum of Association.

postmodificación en los grupos nominales.[5] Gran parte del discurso jurídico se organiza en grupos nominales, que pueden llegar a ser extremadamente largos y complejos, en contraste con los grupos verbales que resultan escasos y limitados.

| Make such provisions for the payment | *en lugar de* | provide for the payment |
| give time for the payment of any debts | *en lugar de* | give time for persons owing money to pay |

EJEMPLO 3.5.   *Ejemplo de grupos nominales característicos del lenguaje jurídico.*

5. Véase los trabajos de Crystal y Davy (1969); Gustafsson (1975); Charrow y Charrow (1979), y Shuy y Larkin (1978).

Como ejemplo del uso de cláusulas no finitas[6] como postmodificadores de las frases nominales, podemos examinar el siguiente fragmento:

... The Hirer may on the payment to the Owner of the total amount of any instalment then remaining unpaid of the rent hereinbefore reserved and agreed to be paid during the term and the further sum of ten shillings purchase the goods (tomado de Crystal y Davy, 1969).

EJEMPLO 3.6.   *Posmodificación de grupos nominales en el lenguaje jurídico.*

Esta acumulación de cláusulas postmodificadoras no finitas contribuye enormemente a la complejidad del lenguaje jurídico, mientras que en cualquier otro registro se utilizarían construcciones más sencillas. Sin embargo, aquí las exigencias de precisión y la necesidad de evitar la ambigüedad están por encima de las consideraciones estilísticas. El lector necesitará leer la frase varias veces y analizarla con detenimiento para discernir qué relación existe entre las distintas partes de la frase que aparece sin ningún signo de puntuación.

Veamos ahora un ejemplo extremo de nominalización tomado de una ley de Singapur, en la que aparecen once casos de nominalización (ejemplo 3.7). Entre ellos hay cinco casos de derivados verbales, uno de los cuales *(alteration)* se utiliza en seis ocasiones. Con este tipo de construcción, el legislador consigue un texto más preciso y compacto, aunque de comprensión mucho más ardua.

No **obliteration, interlineation** or other **alteration** made in any will after the **execution** thereof shall be valid or have effect except so far as the words or effect of the will before such **alteration** shall be executed in like manner as hereinbefore is required for the **execution** of the will but the will, with such **alteration** as part thereof, shall be deemed to be duly executed if the **signature** of the testator and the **subscription** of the witnesses be made in the margin or on some other part of the will opposite or near to such **alteration** or at the foot or end of or opposite to a memorandum referring to such **alteration** and written at the end or some other part of the will. (Tomado de Bhatia 1994, Section 16 of The Wills Act, 1979, Republic of Singapore.)

EJEMPLO 3.7.   *Ejemplo de normalización múltiple en el lenguaje jurídico inglés.*

6.   Las que contienen formas verbales impersonales: infinitivo, gerundio o participio.

3.2. Frecuencia de la construcción pasiva

La elevada presencia de construcciones de pasiva en el lenguaje jurídico inglés ha sido analizada en detalle por Charrow y Charrow (1977) y Shuy y Larkin (1978) entre otros. La voz pasiva se utiliza sobre todo en acuerdos, contratos y documentos en los que lo importante es el resultado de la acción y no tanto los actores de la misma. Las construcciones de pasiva no son siempre transformables en formas activas ya que, a menudo, no se puede determinar el agente de la acción. Un claro ejemplo de la elevada frecuencia de pasivas en este tipo de textos lo podemos observar en el siguiente fragmento:

---

(2)   THE Partners shall be entiled to the capital of the partnership in the same proportions and each Partner shall be entiled to receive interest at the rate of   pouns per cent, per annum payable half-yearly from the commencement of the partnership on the amount of capital so brought in by him or her as aforesaid and shall be entiled to receive interest at the same rate payable half-yearly and to commence from the date of the advance on all money which a Partner may hereafter advance to the capital of the partnership.

4.   (1)   THE rent of the business premises and all rates premiums for insurance and other outgoings payable in respect of the same and the wages and remuneration of the persons employed in the business and all other outgoings expenses debts liabilities and losses (including any loss of capital) incurred in the course of the business and all interest payable to either Partner or any capital now brought in or hereafter to be advanced by him or her shall be paid and discharged out of the gross receipts and out of the capital of the partnership or in case the same shall be insufficient for the purpose by the Partners in the proportions in which they are entitled to share in the net profits of the partnership (2) ALL interests in land shall be vested in the Partners as joint teneants on trust for sale and they shall shold the rents and profits until sale and the net proceeds in trust for the partnership.

5.   ALL proper usual books of account relating to the business shall be kept by the Partners at the partnership premises and all necessary entries made therein and the same shall at all times be open to the inspection of each Partner.

6.   THE Partners shall be entitled to the net profits of the business (after paying all expenses and outgoings and such interest on capital as aforesaid) in the following proportions:
(1)   As to
(2)   As to

EJEMPLO 3.8.   *Fragmento de* Partnership Agreement.

3.3. Empleo de determinantes especiales con premodificación

Al contrario de lo que sucede con la postmodificación, la premodificación es más bien escasa y, aunque los determinantes siempre están presentes, no abundan demasiado. Es una característica única del lenguaje legal el empleo de *such* como determinante sin ir acompañado del artículo indefinido. También lo es el empleo de *said* y *aforesaid* con función premodificadora, tal como se observa en el pasaje de este *Bill of Sale* que reproduzco a continuación (ejemplo 3.9).

3.4. Locuciones preposicionales peculiares

Es frecuente la aparición de locuciones preposicionales complejas[7] con la siguiente estructura P + N + P (preposición + nombre + preposición). Ejemplos típicos en el lenguaje legal inglés son los recogidos en el cuadro 3.8.

El uso de estas cláusulas preposicionales, poco habituales en otros contextos (*by virtue of* en lugar de *by*), se justificaría, a criterio de los juristas, por la idea de que las preposiciones simples conllevan un cierto grado de ambigüedad y se prestan a distintas interpretaciones.

3.5. Uso de grupos verbales peculiares

Se observa una elevada proporción de no finitos (formas impersonales) y de finitos del tipo *modal auxiliary* (normalmente *shall + be + past participle*), que es la fórmula más habitual para expresar obligación en los acuerdos legales en los que una parte se obliga. Para expresar el derecho de las partes a hacer o no hacer determinados actos, se utiliza normalmente la construcción *may + infinitivo*. Veamos un ejemplo tomado de una escritura de constitución de sociedad civil colectiva *(Partnership Deed)* (ejemplo 3.10).

Los verbos pertenecen a un registro muy formal y a unos campos semánticos muy restringidos por lo que verbos como *deem, accept, require, agree, issue, state, constitute, cease, assign* y *possess* se repiten una y otra vez.

Otro rasgo muy característico es la concatenación de *phrasal verbs* y verbos con preposición hasta llegar a ocupar párrafos enteros en los que resulta difícil determinar con qué verbo va cada preposición. Veamos un ejemplo tomado de un *Memorandum of Association* (escritura de constitución de una sociedad mercantil) (ejemplo 3.11).

---

7.   Lo que Quirk *et al.* (1972; 302) denominan *complex prepositional phrases*.

(3)   Will keep the said chattels insured against loss or damage by fire in at least the sum of... pounds in somee office or with insurers directed by the Grantee and in the joint names of the Grantor and the Grantee and pay all premiums necessary for such insurance on the days when the same shall become payable respectively or within one week thereafteer and produce to the Grantee the policies of such insurance and the receipt for every such premium at any time on demand.

(4)   Will pay all rents rates and taxes payable in respect of the premises where the said chattels now are or any other messuage or place to which the said chattels may be removed on the days when the same shall become payable respectively or within one week thereafter and will at any time after the expiration of such week produce upon the demand in writing to the Grantee the receipts for the last payments of or on account of such rents rates and taxes respectively unless the Grantor shall have some reasonable excuse for not so producing the same.

(5)   Provided that if the Grantor shall at any time during the continuance of this security fail to repair or replace the said chattels in accordance with the foregoing agreement or to keep the said chattels insured as aforesaid or to pay the said rents rates and taxes or any of them as hereinbefore agreed the Grantee shall have power to repair or replace such of the said chattels as should be repaired or replaced under this agreement or to insure and keep insured the said chattels or to pay the said rents rates and taxes or such or so much of them respectively as shall remain unpaid (as the case may be) and all money so expended by the Grantee together with interest thereon at the rate of ten per cent, per annum from the time of so expending the same shall be repaid on demand to the Grantee by the Grantor and until such repayment shall be a charge upon the aid chattels.

(6)   Provided also that the Grantee shall have power at all reasonable times during the continuance of this security to enter into the premises where the said chattels now are or any other messuage or place to which the same may be removed to view the state and condition of the said chattels and to take inventories thereof or for the purpose of procuring the said chattels or any of them to be repaired or replaced in accordance with the said agreement for that purpose.

5.   In any of the events specified in section seven of the Bills of Sale Act (1878) Amendment Act 1882 (subject to the provisions of section 7A thereof) as causes for which personal chattels assigned under a bill of salee may be lawfully seized or taken possession of (which events are bereinafter enumerated) the Grantee may seize and take possession of the said chattels and may either remain in possession of them without removing them or may at any time after the expiration of five clear days after the day on which the said chattels shall have been seized or taken possession of and (subject to the provisions in the said Act) remove and sell the chattels or any of them either...

EJEMPLO 3.9.   *Fragmento de* Bill of Sale.

CUADRO 3.8.   *Locuciones preposicionales típicas del lenguaje jurídico inglés*

Grupo preposicional complejo	Preposición
For the purpose of	For, to
In respect of	For, to
In accordance with	According to
In pursuance of	According to
By virtue of	By
In the event of default	By

6.—(1)   THE legal state in all land or any interest therein acquired for the purposes of the firm or the business thereof shall be vested in the partners on trust for sale the net proceeds or other capital money arising to form part of the partnership assests and the net rents and profits (if any) after payment of outgoings to be treated as part of the income of the firm.

(2)   THE Trustees for sale shall have the powers of absolute owners and (where all the partners are not acting as trustees) shall give effect to the directions of the partners or other persons interested in the proceeds of sale but no purchaser or other person dealing with the trustees for money's worth shall be concentred to wee whether any directions have of new trustees.

(3)   THE statutory power to appoint new trustees shall applly and be exercised to far as possible in accordance with the directions of the persons interested as aforesaid.

7.   EACH partner shall—
(1)   THROUGHOUT the partnership diligently employ himself or herself in the business of the partnership and carry on the same to thc grcatcst advantage of thc firm.

(2)   BE just and faithful to the other partner and shall furnish the other partner with full accounts and information concerning all matters relating to the business of the partnership.

(3)   BE entitled to have at least   week's holiday in each year.

(4)   IN the first year of the partnership the said shall have the first choide of the times at which he will take his or her holiday and in the second year of the partnership the said shall have the like choice and so on alternatly during the continuance of the partnership.

EJEMPLO 3.10.   *Fragmento de* Partnership Deed.

---

17. The Directors may, with the sanction of a resolution of the Company, capitalise any sum standing to the credit of any of the Company's reserve accounts (including share premium account and capital redemption reserve fund) or any sum standing to the credit of any profit and loss account or otherwise available for distribution by appropriating such sum to the holders of shares in the proportions in which such sum would have been divisible amongst them had the same been a distribution of profits by way of dividend and applying such sum on their behalf in or towards paying up any amount for the time being unpaid on any shares held by them respectively or in paying up in full unissued shares (or, subject to any special rights previously conferred on any shares or class of shares for the time being issued, unissued shares of any other class not being redeemable shares) for allotment and distribution credited as fully paid up to and amongst them in the proportion aforesaid, or partly in the one way and partly in the other. Notwithstanding the foregoing, the share premium account and a capital redemption reserve fund may, for the purposes of this Article, only bee applied in the paying up of unissued shares to be allotted to Members as fully paid bonus shares. The Directors may do all acts and things considered necessary or expedient to give effect to any such capitalisation, with full power to the Directors to make such provisions as they think fit for the case of shares becoming distributable in fractions (including provisions whereby the benefit of tractional entitlements accrue to the Company rather than to the Members concerned). The Directors may authorise.

- 32 -

CERTIFIED TRUE COPY

EJEMPLO 3.11.   *Fragmento de* Memorandum of Association.

3.6.   EMPLEO DE PREPOSICIONES SUFIJADAS *(SUFFIXED PREPOSITIONS)*

Uno de los rasgos que da a los textos legales su sabor inconfundible es el empleo de arcaísmos formados con preposiciones sufijadas *(suffixed prepositions)*, como *hereto, thereon,* etc. En general, los defensores de la modernización del lenguaje legal abogan por su eliminación, especialmente cuando son innecesarios y se utilizan únicamente para dar al texto un estilo más formal y pomposo. Un ejemplo claro de esta redundancia es el término *hereby,* que se utiliza profusamente en todo tipo de documentos legales como muletilla carente de significado. La frase *I hereby declare* no tiene más poder de significación que *I declare.*

Gil (1995) ha recogido un listado de estos compuestos y su propuesta de traducción al español que por su exhaustividad e interés reproduzco en el cuadro 3.9.

CUADRO 3.9. *Preposiciones sufijadas del inglés jurídico con su traducción al español (Gil, 1995)*

Hereafter	En lo sucesivo, a continuación
Hereby	Por el presente
Herein	En el presente, adjunto, que aquí se menciona
Hereinabove	Más arriba, previamente, anteriormente
Hereinafter	Más abajo, en lo sucesivo, a continuación
Hereinbefore	Más arriba, anteriormente
Hereinbelow	Más abajo, en lo sucesivo, a continuación
Hereof	Del presente, de este
Hereon	Sobre esto, relativo al presente
Hereto	Al presente
Heretofore	Hasta ahora, anteriormente
Hereunder	Más abajo, más adelante, a continuación
Hereupon	Sobre esto, por consiguiente
Herewith	Anexo, adjunto, que se acompaña
Thereabout	Aproximadamente
Thereafter	Posteriormente, en lo sucesivo
Thereat	Por tal motivo, a tal respecto

Profundizando en el análisis del uso e interpretación de estos compuestos, observaremos que el término *herein*, por ejemplo, presenta muchos problemas de interpretación en los documentos legales porque nunca se sabe si se refiere a «en este subapartado», «en este apartado» o «en este documento». Por otra parte, su uso no está siempre justificado y se utilizan como muletillas con las que los juristas salpican sus textos para darles un sabor inconfundiblemente legal.

> Here —and there— words abound in legal writing (unfortunately they do not occur just here and there), usually thrown in gratuitously to give legal documents that musty legal smell. Following are typical examples: "The exclusive right to enter upon the land, drill wells thereon, and remove therefrom the oil to exhaustion, paying therefor a portion of the oil extracted or the equivalent of such portion, is a property right that the law protects" (Garner, 1987).

Veamos un ejemplo del uso de estos elementos en un apéndice de un contrato de distribución audiovisual *(Appendix)* (ejemplo 3.12).

3.7. APARICIÓN DE ADVERBIOS EN POSICIÓN INICIAL COMO CONECTORES

Los adverbios en posición inicial de frase son una de las notas más características del lenguaje legal inglés. Aparte de su peculiar posición en la frase, también resultan singulares por su carácter arcaizante. Ex-

---

THIS APPENDIX

when signed by   TELEVISION LT of
Street, London   , England (hreinafter called "   TV")
of the one part and......................... of [full address/town/country]
(hereinafter called "the Subscriber") of the other part, provides that in
addition to the Main Agreement current from time to time under which
the   TV Service is supplied to the Subscriber   TV
has agreed to provide inter alia the additional materials and services
(hereinafter called "the Additional Service") as described herein to the
Subscriber upon the following terms hereby accepted by the Subscriber:

Reuters TV grants to the Subscriber a non-exclusive licence to broadcast
the Additional Service terrestrially only and in no other media, in news,
documentary and general entertaiment programming only, only from its
own studios and only within the territory of...... ("the Territory") for a
peeriod of.................... year(/s) from.............. to.............. and
thereafter from year to year at terms to be agreed upon unless terminated
by either party giving to the other not less than ninety days' written notice
expiring on that date or any anniversary thereof.

EJEMPLO 3.12. *Fragmento de* Distribution Agreement.

presiones adverbiales como *Whereas, in witness whereof, provided that* o *without prejudice* no se encuentran habitualmente en otros registros.

En el plano textual, es interesante observar cómo los adverbios, o para ser más exactos, la coordinación de adverbios en posición inicial, van marcando la estructura y progresión del texto (ejemplo 3.13).

4. Aspectos textuales

Desde la perspectiva del análisis del texto, los lenguajes especiales presentan unos elementos de coherencia y cohesión textual característicos y se manifiestan en unos géneros particulares. La coherencia es un concepto transdisciplinar, polisémico y de difícil definición que expresa la continuidad que existe entre las distintas partes de un texto.

La coherencia se hallaría en la estructura profunda de los textos, en un nivel «macroestructural» que constituye la estructura abstracta, subyacente o forma lógica del texto (macrorreglas de supresión, generalización, construcción...).[8] Otro factor importante de la coherencia de los textos es su estructura, que a veces resulta fácilmente

---

8. Van Dijk (1980).

WHEREAS a proposal to effect with the Society an assurance on the Life Insured named in the Schedule hereto has been duly made and signed as a basis of such assurance and a declaration has been made agreeing that this policy shall be subject to the Society's Registered Rules and such proposal has been accepted by the Society on the conditions as set forth in the proposal.

NOW this policy issued by the Society on payment of the first premium stated in the Schedule hereto **subject to** the Registered Rules of the Society

WITNESSETH that if the Life Insured shall pay or cause to be paid by the Society or the duly authorised Agent or Collector thereof every subsequent premium at the due date thereof the funds of the Society shall on the expiration of the term of years specified in the Schedule hereto or on the previous death of the Life Insured become and be liable to pay to him/her or to his/her personal representative or next-of-kin or assigns as the case may be the sum due and payable hereunder in accordance with the Table of Insurance printed hereon and the terms and conditions of the said Table (including any such sum which may have accrued by way of reversionary bonus) **subject to any** authorised endorsement appearing hereon **and to the production** of this policy premium receipts **and such other evidence** of title as may be required.

EJEMPLO 3.13. *Fragmento de* Insurance Policy *(tomado de Crystal y Davy, 1969)*.

identificable (tal como sucede en los índices, recetas de cocina, prospectos de medicamentos o en los contratos, sentencias, leyes...). Van Dijk (1980) plantea la existencia de dos niveles estructurales en los textos: las macroestructuras y las superestructuras.

La macroestructura de un texto es la estructura global de contenido y se organiza en macroproposiciones que van resumiendo progresivamente el contenido del texto. Existen macroestructuras a distintos niveles de abstracción, siendo el título del texto el más alto. En los textos extensos el siguiente nivel sería el de los títulos de los capítulos, etc. La superestructura es la estructura típica común a un conjunto de textos que responde a un esquema organizado en categorías. Según Castellà (1992), todos los textos deben tener una macroestructura para poder ser comprendidos, pero no necesariamente deben seguir una superestructura establecida, ya que no existen estructuras convencionales para todos los textos que se dan en la realidad.

Otros autores (Greimas, 1967; Weinrich, 1976) se han referido a la «coherencia interna» (la isotopía, que estaría basada en elementos de redundancia, reiteración o repetición) y a la «coherencia pragmática», la coherencia que asigna el lector al texto. Así pues, considerando la coherencia como un mecanismo que funciona a un nivel macroestructural o de estructura profunda, se podría hablar de condiciones o reglas de buena formación de los textos. Según Charolles (1978), cualquier texto bien construido debe cumplir las siguientes reglas:

a) Regla de repetición.
b) Regla de progresión.
c) Regla de no contradicción.
d) Regla de relación.

La cohesión textual se consigue mediante elementos no estructurales, como son la referencia, la sustitución, la elipsis, la conjunción y la cohesión léxica. Siguiendo a Van Dijk (1987), la cohesión funcionaría al nivel de la estructura superficial concretándose en una serie de mecanismos textuales. Las reglas de coherencia interna a que se refiere Charolles se corresponden con los elementos de cohesión textual de la siguiente forma (Castellà, 1992):

CUADRO 3.10. *Correspondencia entre las reglas de coherencia y los elementos de cohesión (Castellá, 1992)*

Coherencia	Cohesión
Repetición	Referencia (anáfora, catáfora)
	Elipsis
	Articulación
Progresión	Articulación tema-rema
	Conectores
Relación	Conectores

Autores como Shuy y Larkin (1978), Crystal y Davy (1969) y Kurzon (1984) apuntan que el discurso legal es pobre en ciertos elementos de cohesión que son habituales en otros registros. A este respecto habría que señalar, en primer lugar, que es difícil justificar esta afirmación ya que los límites de la frase son difusos en muchos de estos textos en los que la puntuación es escasa o nula. Por otra parte, el lenguaje legal presenta unos elementos de cohesión muy eficaces, aunque quizás distintos a los de otros tipos de discurso, tal como intentaré demostrar al desarrollar las secciones del cuadro 3.11.

4.1. SUBORDINACIÓN MÚLTIPLE Y FRASES MÁS LARGAS DE LO HABITUAL

En los textos legales las frases suelen ser largas y complejas[9] y, por tanto, los conectores de frase (*y, pero...*) son mucho menos abun-

---

9. Con la excepción de ciertos textos legales, como los contratos, en los que predominan las frases cortas.

CUADRO 3.11.   *Aspectos textuales característicos del lenguaje jurídico inglés*

I. Subordinación múltiple y frases más largas de lo habitual
II. Empleo de conectores característicos
III. Escasez y especificidad de la anáfora
IV. Abundante repetición léxica
V. Escasa sustitución
VI. Progresión temática muy marcada
VII. Reglas de interpretación particulares

dantes que en los textos de carácter general, mientras que se observa una mayor frecuencia de conectores de cláusulas *(si, aunque...)* debido a la abundancia de frases con subordinadas múltiples que en cualquier otro contexto aparecerían como frases separadas.

El uso de subordinadas múltiples ha sido señalado también como un rasgo distintivo del lenguaje legal por diversos autores.[10] La consecuencia inmediata de la subordinación múltiple es la complejidad estructural y conceptual. Ciertas formas de subordinación producen más dificultades de comprensión que otras. Charrow y Charrow (1979) estudiaron este problema de forma experimental en las instrucciones que reciben los miembros del jurado *(voir dire)*, para encontrar que las construcciones que planteaban más problemas de comprensión eran las subordinadas autoincrustadas *(self-embedding)*, también denominadas *center-embedding*. Veamos un ejemplo de este tipo de subordinación:

> *The boy (whom the girl [whom the man in the red car hit] kissed) lives next door to me.*

EJEMPLO 3.14.   *Ejemplo de subordinación múltiple.*

Otro tipo de construcción que resultaba difícil para los individuos que participaron en el estudio era la estructura en la que la subordinada precede a la cláusula principal, sobre todo cuando había más de una subordinación (ejemplo 3.15).

Analizando una ley de 67 páginas, Hiltunen (1984) estudió las características de la subordinación múltiple, y, en particular, el tipo de subordinadas: posición relativa, estructura y nivel. Los resultados de

10.   Gustafsson (1975, 13); Charrow y Charrow (1979, 1327-1328); Danet (1980, 60); Hiltunen (1984).

> *The fact that (the fact that [John loves Maria] bothered Alex) surprised nobody.*

EJEMPLO 3.15.   *Ejemplo de subordinación múltiple.*

su estudio se recogen en el cuadro 3.12 y coinciden con los presentados por Gustafsson (1975):

CUADRO 3.12.   *Distribución de tipos de subordinadas, Hiltunen (1984)*

Tipo de cláusula	%
1. *Cláusulas de relativo*	37,5
— Defining	(30,9)
— Non-defining	(0,2)
— Antecedente en el pronombre relativo	(6,4)
2. *Cláusulas introducidas por* that	14,5
3. *Cláusulas adverbiales*	31,5
— Preguntas indirectas	(2,4)
4. *Cláusulas coordinadas*	16,5
— Con cláusula de relativo	(4,8)
— Con cláusula introducida por *that*	(3,3)
— Con cláusula adverbial	(8,4)
Total	(100) (917 cláusulas subordinadas)

Otro aspecto importante es el del patrón de subordinación, la forma en la que las subordinadas se agrupan alrededor de la cláusula principal: antes de la cláusula principal (LB), dentro de la misma (NE) o después (RB). Puede haber subordinadas en las tres posiciones y además ser más de una en cada posición. Las subordinadas que se encuentran dentro de la cláusula principal pueden hallarse a la derecha (RN) o a la izquierda del verbo (LN). Veamos un ejemplo de la estructura LB, es decir, todas las subordinadas antes de la cláusula principal:

> If a person rides a cycle/ not being a motor vehicle/ on a road without due care and attention, or without reasonable consideration for other persons/ using the road/ he shall be guilty of an offence

EJEMPLO 3.16.   *Ejemplo de subordinación múltiple (tomado de Hiltunen, 1984).*

Un ejemplo un poco más complejo es el siguiente, en el que aparecen cláusulas LB (antes de la principal) y RN (entre *may* y *give*) (dentro de la principal y a la derecha del verbo central) y RB (detrás de la principal):

Where on testing a motor vehicle under section 53 of this Act it appears to an authorised examiner / that there is a defect in the vehicle / by reason / that the vehicle does not comply with a construction and use requirement / applicable to the vehicle / **he may** / whether or not the requirement is one / mentioned in subsection (1) of that section / and whether or not proceedings are instituted for a breach of the requirements / **give notice in writing to the person / who is the owner of the vehicle** / specifying the defect and the requirement in question / and requiring / him to give to the Secretary of State within permitted period a certificate / complying with subsection (3) below / or a declaration complying with subsection (4) below.

EJEMPLO 3.17.   *Ejemplo de subordinación múltiple (tomado de Hiltunen, 1984).*

Por último, cabría analizar el nivel de subordinación y la estructura de la cláusula subordinada. En el trabajo citado, Hiltunen estudia de forma estadística todos estos factores y sus conclusiones pueden resumirse del siguiente modo:

1.   En el lenguaje legal predominan las subordinadas finitas relativas o adverbiales y las no finitas con participio.
2.   Predominan las subordinadas situadas después del verbo principal (RN).
3.   Las mayores dificultades de comprensión las producen las subordinadas situadas antes de la cláusula principal, que, además, alcanzaban niveles más profundos de dependencia.

Esta abundancia de subordinación da como resultado frases extremadamente largas, que pueden llegar a ocupar páginas enteras. En su análisis sintáctico de una ley de Singapur *(The Income Tax Act, 1984)*, Bhatia (1994) halló que la extensión media de las frases era de 271 palabras por frase frente a la media de 27,6 palabras por frase que Barber (1962) había calculado en el análisis de textos científicos ingleses. Hiltunen (1984) halla una media de 79,25 palabras por frase (¡siendo la frase más larga de 740 palabras!) en su análisis de la *Road Traffic Act 1972* británica.

La razón más clara de esta extensión y complejidad de las frases es la necesidad de precisar al máximo el significado mediante la incorporación de múltiples elementos de calificación. No obstante, lo característico del lenguaje legal no es sólo la abundancia de cláusulas modificadoras, sino la forma en que se insertan en la estructura sintáctica. Si queremos introducir muchas calificaciones en una misma frase, intentaremos encontrar el mayor número posible de puntos de inserción. Pero esto siempre resulta difícil, ya que si por un lado la abundancia de modificación hace la frase más precisa, por otro también la puede hacer más ambigua si no se colocan en el lugar adecuado. Según Bhatia (1994), éste es el motivo por el que los juristas intentan colocar las calificaciones justo al lado de la palabra a la que pretenden calificar, aun a costa de producir un estilo pesado y poco elegante.

… if the person has within that period permanently abandoned such activities without having carried on any trade which consists of or includes the working of deposits in respect of which the expenditure was incurred.

EJEMPLO 3.18.   *Ejemplo de acumulación de modificadores.*

4.2. EMPLEO DE CONECTORES CARACTERÍSTICOS

Como hemos visto en el apartado anterior, los conectores oracionales son mucho menos abundantes en los textos jurídicos que en los textos de carácter general y funcionan más bien como conectores de cláusulas. Conectando frases o cláusulas encontramos partículas como *first…, secondly…, thirdly…,* que marcan la estructura. También son habituales los conectores adverbiales que introducen una condición o ponen en relación unas cláusulas con otras: *subject to, without prejudice, provided always, notwithstanding…*

4.3. ESCASEZ Y ESPECIFICIDAD DE LA ANÁFORA

… legal English is in fact notable for the extreme scarcity, even within sentence structure, of the pronoun reference and anaphora which are used so extensively in most other varieties (Crystal y Davy, 1969).

Es de resaltar la ausencia de pronombres anafóricos y quizá la más llamativa sea la escasa frecuencia con que aparece el pronombre *it.* En inglés legal escrito, el pronombre *it* sólo aparece en construcciones como *It is agreed as follows*. En estos casos funciona más como un sujeto abstracto que como sustituto de un antecedente identificable. Las partículas *it* y *this* plantean muchos problemas de falsos antecedentes, que es otra característica de este tipo de textos. El antecedente es el nombre o la frase a que se refiere un pronombre. A veces, *this* o *it* no se utilizan para hacer referencia a un nombre, sino a la acción que se describe en el sintagma verbal:

> They are also told that X, a doctor employed by defendant, will vaccinate anyone who wishes to have **this** done

EJEMPLO 3.19.   *Ejemplo de falso antecedente (tomado de Garner, 1987).*

En este caso, el antecedente no es ningún nombre como sería lo habitual, sino que hace referencia a la cláusula anterior (lo que en inglés se denomina *ghostly antecedents*). También se dan casos de «falsa atracción» entre el antecedente, que normalmente se referiría al sujeto, y que, en realidad, se refiere a otro nombre situado entre el sujeto y *this*, *it* u otros términos deícticos:

> Harrelson nonetheless contends now that the **admission** of this **testimony** was reversible error because **it** had been hypnotically induced

EJEMPLO 3.20.   *Ejemplo de «falsa atracción» entre el antecedente y los términos deícticos.*

Aquí *it* no se refiere a *admission*, sino a su complemento, *testimony*. Estos dos ejemplos sirven para poner de manifiesto, una vez más, los problemas de comprensión que el lenguaje especializado del derecho puede plantear. Una forma única de anáfora en los textos legales es el empleo de: *the said, the aforesaid, the aforementioned* y otras expresiones similares que se utilizan para dar cohesión al texto del ejemplo 3.21.

4.4.   ABUNDANTE REPETICIÓN LÉXICA

La forma más habitual de cohesión es la repetición léxica, y el hecho de que no se utilicen tantos conectores anafóricos como en otros registros fuerza la repetición. Aparte de los adverbios introductorios,

THIS INDENTURE made the ninth day of May 1987 BETWEEN Sir Percival, of the one part and Lord Benedict, of the other part WITNESSETH that in consideration of the sum of one thousand pounds now paid to Sir Percival by Lord Benedict he the **said** Sir Percival DOTH HEREBY ASSIGN unto the **said** Lord Benedict his executors administrators and assigns ALL AND SINGULAR the several chattels and things specifically described in the schedule hereto annexed by way of security for the payment of the sum of one thousand pounds AND the **said** Sir Percival doth further agree and declare that he will duly pay to the **said** Lord Benedict the principal sum **aforesaid** together with...

EJEMPLO 3.21.   *Ejemplo de anáfora en los textos jurídicos.*

como *In witness thereof*, se puede afirmar que prácticamente la única conexión formal que existe entre las frases es la repetición de unidades léxicas. Este exceso de repetición se justifica por el intento de evitar la ambigüedad a toda costa y, en cualquier otro registro se consideraría inapropiado. Veamos cómo funciona este recurso en una cláusula correspondiente a un acuerdo de disolución de una sociedad mercantil (ejemplo 3.22).

Otra forma de repetición léxica es el empleo de «**dobletes**» y «**tripletes**», expresiones binómicas y estructuras paralelas que confieren un sello característico a los documentos legales: *I give, devise and bequeath...*, *made and signed, terms and conditions, able and willing*, etc. Se trata de secuencias de dos o tres palabras de la misma clase, situadas en un mismo nivel sintáctico y unidas por vínculos léxicos y semánticos.

El uso de estas repeticiones y estructuras paralelas puede considerarse también un recurso poético. Al igual que otros géneros del inglés antiguo y medio, el lenguaje legal estaba marcado en sus inicios por el uso de la aliteración, el ritmo y, en ocasiones, la rima: *The truth, the whole truth and nothing but the truth*. Los testamentos anglosajones tenían una impresionante fuerza poética: «*words at work for their own sound effect*», y el lenguaje legal tiene sus orígenes en las antiguas creencias sobre los poderes mágicos de las palabras. Quizá uno de los fenómenos que más contribuyen a esta «poesía mágica» del lenguaje jurídico es el de los dobletes o expresiones binómicas, que han desaparecido de muchos otros géneros, pero siguen vigentes en el lenguaje jurídico.

> ... poetization is an intuitive mobilization of resources of language to "thicken" it, in order to create the illusion of control over the social

5. THE Retiring Partner hereby convenants with the Continuing Partner as follows namely:—

(1) That the Retiring Partner has not contracted any debt or incurred any obligation (by contract or otherwise) which can or may charge or affect perjudicially the assets effects property or things in action formerly belonging to the partnership or any part thereof except such debts as are entered in the books or accounts of the partnership:

(2) That the Retiring Partner has not assigned released discharged or received any of the said debts or things in action:

(3) That the Retiring Partner or his personal representatives will ratify and confirm whatever the Continuing Partner or the person deriving title under him or his or their substitute or substitutes shall lawfully do or cause to be done in or about the premises:

(4) That the Retiring Partner or his representatives will not purport to compound release discharge or receive any of the debts or effects of or belonging or formerly belonging to the partnership nor do anything whereby the recovery of the assets or any part thereof may be impeded delayed or prevented nor interfere in or about the premises otherwise than as the Continuing Partner or the persons deriving title under him shall direct.

6. THE Continuing Partner hereby convenant with the Retiring Partner as follows namely:—

(1) That the Continuing Partner will in due course pay all the debts and other money due or owing from or by and discharge all the liabilities of the partnership or of the parties hereto or either of them in respect thereof:

(2) That the Continuing Partner will keep the Retiring Partner and his estate and effects indemnified against all actions proceedings damages costs claims expenses and liabilities whatsoever which shall be brought become payable or be incurred by reason of the non-payment of any of the said debts or other money or any part thereof or the omission to discharge the said liabilities or any of them or by reason of any exercise of the power of attorney hereinbefore contained or anything relating thereto.

7. FOR the consideration aforesaid each of them the parties hereto hereby releases the other of them from all actions proceedings accounts costs claims and demands which either of them now has or which but for this deed either of them or their respective estates and effects might hereafter have againts the other of them or his estate and effects on account of the partnership or any provision contained in the Articles or anything in anywise relating to the partnership:

EJEMPLO 3.22. *Ejemplo de repetición léxica.*

and natural world. The rethorical devices of assonance, alliteration, rhyme, rhythm, phonetic contrast, and end-weight are all forms of retrospective closure. Other types of devices provide a psychologically gratifying sense of completion and coherence (Danet, 1984 *b*).

Sin embargo, otros autores atribuyen el uso de estos dobletes y tripletes a razones más prosaicas. Garner (1987) apunta que el uso de términos sinónimos tenía fines etimológicos, es decir, que los escritores de la Edad Media y el Renacimiento utilizaban un término de origen latino o francés acompañado del término equivalente anglosajón como glosa del término extranjero. Es el caso de *acknowledge and confess* (inglés antiguo y francés antiguo), *act and deed* (latín o francés e inglés antiguo), *breaking and entering* (inglés antiguo y francés) o *goods and chattels* (inglés antiguo y francés antiguo).

Garner señala que este fenómeno podría ser también un recurso retórico sin ninguna finalidad explicativa o deberse, únicamente, a la ignorancia de los juristas, que prefieren utilizar todos los términos sinónimos, por si alguno de ellos no indica exactamente lo que pretenden. Ejemplos de dobletes cuyos términos tienen el mismo origen serían: *by and with, each and every, have and hold* (todos del inglés antiguo) y *aid and abet, cease and desist, null and void* (todos del francés o del latín a través del francés).

La lista es amplia y aquí sólo reproduciré algunos para ilustrar lo que acabo de exponer:

CUADRO 3.13.   *Algunos dobletes y tripletes del inglés jurídico (Garner, 1987, 198-199)*

Dobletes	Tripletes
Able and willing	Cancel, annul, and set aside
Act and deed	Form, manner, and method
Agree and covenant	General, vague, and indefinite
Aid and abet	Give, devise, and bequeath
Aid and comfort	Hold, possess, and enjoy
All and sundry	
All and singular	
Amount or quantum	
Annoy or molest	
Annulled and set aside	

Las frases iniciales de un testamento me sirven para ejemplificar el uso de este recurso (ejemplo 3.23).

4.5. ESCASA SUSTITUCIÓN

La sustitución es rara en inglés jurídico, excepto en el caso del empleo característico de las expresiones *aforementioned, aforesaid, the said, the aforesaid* o las convenciones de sustitución que se establecen

This is the last Will of me

I direct that all my just debts funeral and testamentary expenses shall be paid and satisfied as soon as conveniently may be after my decease I give devise and bequeath All my household furniture plate linen china wearing apparel books pictures and effects and all my estate and effects whatsoever and wheresoever both real and pesonal and whether in possession reversion remainder or expectancy unto

EJEMPLO 3.23. *Empleo de «dobletes» y «tripletes» en el inglés jurídico.*

al comienzo de ciertos documentos como contratos y escrituras: X, en adelante «el comprador». Veamos un ejemplo de este último caso:

XX of the one part **(hereinafter called "the Seller")**
And
YYY of the other part **(hereinafter called "the Buyer")**

WHEREAS the parties hereto **(hereinafter together called "the partners")** have agreed to become partners in the practice or business hereinafter mentioned and subject to the conditions hereinafter appearing:

NOW THIS DEED WITNESSETH that in pursuance of the said agreement each of the **partners** hereby covenants with the other as follows:

EJEMPLO 3.24. *Ejemplo de sustitución léxica en el inglés jurídico.*

4.6. MARCADA PROGRESIÓN TEMÁTICA

Siguiendo el enfoque y metodología de la Escuela de Praga,[11] la progresión temática *(thematic progression* o *thematic dynamics)* puede definirse como la configuración o la estructura de cohesión interna que generan los temas (el elemento o elementos iniciales) de las frases de un texto.

Kurzon (1984) sostiene la hipótesis de que los textos legales presentan una cohesión interna muy marcada que facilitaría su lectura, mientras que atribuye los problemas de comprensión a factores como la terminología especializada o la longitud de las cláusulas y las frases.

11. Daneš (1974); Firbas (1974).

Para demostrar la existencia de esta cohesión, el autor analiza cinco textos —un testamento *(will)*; una escritura *(deed)*; un contrato *(contract)*; una orden judicial *(court order)*, y una ley *(statute)*— en términos de progresión temática para intentar determinar el vínculo de cohesión que generan los temas. La progresión temática predominante en los textos legales es la que determina el hipertema[12] de cada texto, que se establece de dos maneras: las expectativas que genera en el lector un determinado tipo de texto y el título del documento.

Según los esquemas propuestos por Daneš (1974) y Enkvist (1974), se pueden distinguir tres tipos de progresión temática:

1. **Progresión temática básica**, en la que el rema de la primera frase aparece como tema de la segunda, y así sucesivamente.

2. **Tema continuo o constante**, en el que el tema se repite en dos frases como mínimo, mientras que el rema va cambiando.

3. **Progresión temática con temas derivados**, en la que no existe una relación directa entre los temas de cada frase, sino que las distintas frases van unidas al hipertema del texto, párrafo, capítulo o libro.

Las conclusiones del trabajo de Kurzon (1984) ponen de manifiesto que en el discurso jurídico predomina la progresión temática con temas derivados. Este mismo autor apunta también que, aunque su definición de tema como elemento inicial de frase podría ser rebatible, si se utilizan los conceptos de tema y rema como información conocida y nueva se llegaría a resultados similares.

4.7.   REGLAS DE INTERPRETACIÓN PARTICULARES

El lenguaje legal es un lenguaje instrumental destinado a la comunicación entre profesionales y como tal emplea algunos principios semánticos que no se utilizan en el lenguaje general y que influyen de forma decisiva en su sintaxis y estructura textual. Son las denominadas «reglas de interpretación», que el redactor legal siempre tiene en cuenta al elaborar los documentos.

> We now come to a type of problem which is specific to legal texts, namely rules of construction. Lawyers distinguish between «construction» and «interpretation», with their related verbs to «construe» and to «interpret», the former usually referring to the first

---

12.   Se entiende por hipertema la tendencia de algunos temas a predominar en determinados tipos de texto, como sucede, por ejemplo, con los adverbios de tiempo en la narración.

stage in working out a piece of language means, and the latter normally referring to an analysis of its implications (Hickey, 1993).

Una de estas reglas es el principio de *ejusdem generis* (de la misma naturaleza), por el cual los términos genéricos que aparecen tras términos específicos se deben interpretar como referidos a las personas o cosas de la misma clase mencionada. Por ejemplo en la secuencia *«house, office, room or other place...»* el término genérico *place* no puede entenderse como referido a un lugar al aire libre, pues acompaña a una serie de lugares cerrados.

Otro principio semántico del lenguaje jurídico es el de *expressio unius est exclusio alterius* según el cual, cuando se enumera una serie de palabras y al final no aparece un término genérico, lo que disponga el texto se referirá única y exclusivamente a las cosas mencionadas, quedando excluidas todas las demás de forma implícita. Este principio es responsable de no pocas diferencias entre los textos legales ingleses y los españoles. Los textos ingleses son muy minuciosos en el recuento de todos y cada uno de los aspectos a las que se refiere una ley, un contrato o una escritura. Por el contrario, los textos españoles suelen recurrir a afirmaciones genéricas sobre la naturaleza de los aspectos a las que se hace referencia. Un buen ejemplo de esta afirmación lo tenemos en la descripción del objeto de las sociedades mercantiles que aparece en las escrituras de constitución *(Memorandum of Association)*. En las escrituras de constitución españolas, el objeto aparece normalmente en uno o dos párrafos:

Artículo 4.- OBJETO SOCIAL

La Sociedad tendrá por objeto el cultivo, comercialización, explotación y distribución de productos hortofrutícolas de cualquier género. Las actividades de comercialización, explotación y distribución podrán ser realizadas, igualmente, previa la adquisición a terceros de los productos referidos o de las patentes necesarias para el cultivo de los mismos.

Las actividades citadas en los dos párrafos anteriores podrán ser desarrolladas por la Sociedad mediante la titularidad de acciones o participaciones en otras sociedades con idéntico o análogo objeto social.

EJEMPLO 3.25. *Definición del objeto social en una Escritura de Constitución de Sociedad española.*

En las escrituras inglesas, por el contrario, ocupa varias páginas ya que especifica absolutamente todo lo que puede hacer la sociedad.

COMPANY LIMITED BY SHARES

Memorandum of Association
OF
LIMITED

---

1. The Company's name is "

   LIMITED."

2. The Company's registered office is to be situated in England and Wales.

3. The Company's objects are*:—

   (A)

   (B) To carry on any other trade or business which can, in the opinion of the Board of Directors, be advantageously carried on by the Company in connection with or as ancillary to any of the above businesses of the general business of the Company.

   (C) To purchase, take on lease or in exchange, hire or otherwise acquire and hold for any estate or interest any lands, buildings, easements, rights, privileges, concessions, patents, patent, rights, licences, secret, processes, machinery, plant, stock-in-trade, and any real or personal property of any kind necessary or convenient for the purpose of or in connection with the Company's business or any branch or department thereof.

   (D) To erect, construct, lay down, enlarge, alter maintain any roads, railways, sidings, bridges, reservoirs, shops, stores, factories, buildings, works, plant and machinery necessary or convenient for the Company's business, and to contribute to or subsidise the erection, construction and maintenance of any of the above.

   (E) To borrow or raise or secure the payment of money for the purpose of or in connection with the Company's business, and for the purposes of or in connection with the borrowing or raising of money by the Company to become a member of any building society.

   (F) To mortgage and charge the undertaking and all or any of the real and personal property and assets, present or future, and all or any of the uncalled capital for the time being of the Company, and toi ssue at par or at 3 premium or discount, and for such consideration and with such rights, powers and privileges as may be throught fit, debentures or debenture stock, either permanent or redeemable or repayable, and collaterally or further to secure any securities of the Company by a trust deed or other assurance.

(G) To make advances to customers and others with or without security, and upon such terms as the Company may approve, and to guarantee the liabilities, obligations and contracts of any other   person, firm or company whether a customer of the Company or otherwise, and the dividends, interest and capital of the shares, stocks or securities of any company of or in which this Company is a member or is otherwise interested.

(H) The receive money on deposit or load upon such terms as the Company may approve, and generally to act as bankers for customers and others.

(I) To grant pensions, allowances, gratuities and bonuses to officers or ex-officers, employees or ex-employees of the Company or of any body corporate which is or has been a subsidiary of the Company or a predecessor in business of the Company or of any such subsidiary or to the dependants or any members of the family of such persons, and to contribute to any fund and pay premiums for the purchase or provision of any such benefit and to establish and support, or to aid in the establishment and support of, any schools and any educational, scientific, literary, religious or charitable institutions or trade societies, whether such institutions or societies be solely connected with the business carried on by the Company or its predecessors in business or not, and to institute and maintain any club or other establishmen or benefit fund or profit-sharing scheme calculated to advance the interests of the Company or of the officers of or persons employed by the Company or any such subsidiary.

(J) To draw, make, accept, endorse, negotiate, discount and execute promissory notes, bills of exchange, and other negotiable instruments.

(K) To invest and deal with the moneys of the Company not immediately required for the purposes of the business of the Company in or upon such investments and in such manner as may from time to time be determined.

(L) To pay for any property or rights acquired by the Company either in cash or fully or partly paid-up shares, with or without preferred or deferred or special rights or restrictions in respect of di-vidend, repayment of capital, voting or otherwise, or by any securities which the Company has power to issue, or partly in one mode and partly in another, and generally on such terms as the Company may determine.

(M) To accept payment for any property or rights sold or otherwise disposed of or deal with by the Company, either in cash, by instalments or otherwise, or in fully or partly paid-up shares or stock of any company or corporation, with or without preferred or deferred or special rights or restrictions in respect of dividend, repayment of capital, voting or otherwise, or in debentures or mortgage debentures or debenture stock, mortgages or other securities of any company or corporation, or partly in one mode and partly in another, and generally on such terms as the Company may determine, and to hold, dispose of or otherwise deal with any shares, stock or securities so acquired.

(N) To amalgamate with or enter into any partnership or arrangement for sharing profits, union of interest, reciprocal concession or with any company, firm or person carrying on or proposing to carry on any business within the objects of this Company or which is capable of being carried on so as directly or indirectly to benefit this Company, and to acquire and hold, sell, deal, with or dispose of any shares, stock or securities of or other interests in any such company, and to guarantee the contracts or liabilities of, subsidise or otherwise assist, any such company.

(O) To purchase or otherwise acquire, take over and undertake all or any part of the business, property, liabilities and transactions of any person, firm or company carrying on any business which this Company is authorised to carry on, or the carrying on of which is calculated to benefit this Company or to advances its interests, or possessed of property suitable for the purposes of the Company.

(P) To sell, improve, manage, develop, turn to account, exchange, let on rent, royalty, share of profits or otherwise, grant licences, easements and other rights in or over, and in any other manner deal with or dispose of the undertaking and all or any of the property and assets for the time being of the Company for such considerations as the Company may think fit.

(Q) To distribute among the members in specie any property of the Company, or any proceeds of sale or disposal orf any property of the Company, but so that no distribution amounting to a reduction of capital be made except with the sanction (if any) for the time being required by law.

(R) To do all or any of the above things in any part of the world, and either as principals, agents, trustess, contractors or otherwise, and either alone or in conjunction with others, and either by or through agents, trustees, sub-contractors or otherwise.

(S) To do all such other things as are incidental or conductive to the above objects or any of them.

EJEMPLO 3.26. *Definición del objeto social en un* Memorandum of Association *británico.*

Por último, según el principio de *noscitur sociis*, los términos se interpretan de una u otra forma dependiendo del contexto en el que aparezcan. Según el ejemplo que propone Hickey (1993), en la frase «*floors, steps, stairs, passages and gangways*», el término *floors* no incluiría el suelo de las zonas de almacenamiento ya que aparece seguido de *steps, stairs, passages and gangways*, términos que se refieren a lugares de paso, no a lugares de permanencia. Este tipo de reglas de interpretación tiene unas importantes implicaciones para la traducción, y el traductor debe conocerlas bien para interpretar de modo fiel el sentido pretendido por el redactor del original.

Capítulo 4

EL USO DEL LENGUAJE JURÍDICO: TEXTO Y CONTEXTO

Los significados organizados constituyen un tipo de discurso que se plasma en los textos a través del léxico, la morfosintaxis y la estructura, tal como hemos visto en el capítulo anterior para el caso particular del discurso jurídico. Así, por ejemplo, la aparente necesidad de utilizar expresiones nominales y modificaciones múltiples produce distorsiones sintácticas y frases compuestas muy largas y complejas que marcan de forma inconfundible los textos legales.

Ahora bien, las peculiaridades léxicas, sintácticas y textuales que acabo de analizar son fruto de la función y el uso social de los textos legales y responden a factores pragmáticos y semióticos que se sitúan en un plano superior, en el plano de «uso» del lenguaje jurídico en contexto. Este uso está marcado por factores tales como la necesidad de difusión, requisitos de intemporalidad, las funciones y destinatarios de los mensajes, aspectos sociológicos y antropológicos, relaciones de poder...

En un intento de superar los límites de lo puramente lingüístico, en este capítulo me acercaré al lenguaje jurídico desde una perspectiva más amplia que tiene en cuenta el contexto físico y social en que se produce la comunicación, y contempla la realización del lenguaje legal en situaciones concretas, como un producto del uso y de la intencionalidad.

Para facilitar el estudio del contexto jurídico podemos dividir los componentes externos al texto en tres categorías: aspectos pragmáticos, aspectos semióticos y aspectos comunicativos.[1] La pragmática estudia las intenciones del emisor; la semiótica se refiere a las funcio-

---

1. Esta división tripartita es la propuesta en la gramática sistémica de Halliday, que posteriormente completan Hatim y Mason (1990) —con elementos de la teoría de los actos de habla de Austin y Searle, las corrientes lingüísticas basadas en el Análisis del discurso, la teoría semiótica de Barthes, etc.— para proponer un modelo de análisis textual aplicado a la traducción.

nes que cumple el mensaje como signo lingüístico, y la dimensión comunicativa se refiere a las condiciones en que se produce la comunicación (campo, modo, tono y usuario). Veremos cada uno de estos aspectos en los siguientes apartados.

1. La pragmática del texto jurídico

Mientras que la sintaxis especifica en qué condiciones y según
qué reglas están bien formados los enunciados, y la semántica indica
las condiciones que deben darse para que los enunciados sean inter-
pretables, a la pragmática le compete el análisis de las condiciones en
las cuales las manifestaciones lingüísticas son aceptables, apropiadas
u oportunas en una situación comunicativa dada.[2]

1.1. LOS ACTOS DE HABLA JURÍDICOS

Los seres humanos somos individuos sociales y no hablamos sólo
para expresar nuestros conocimientos, deseos y sentimientos, sino
que, además, hacemos que en la comunicación tenga lugar una interacción social: pedimos, ordenamos, recomendamos, felicitamos, in-
sultamos, saludamos, culpamos, etc. En el caso de que ostentemos
una autoridad, un papel o una función especial, también podemos
acusar, absolver, bautizar o detener con una acción lingüística. La
pragmática se ocupa de la descripción de estas actuaciones lingüísticas, también llamadas actos de habla (según la denominación propuesta por los filósofos Austin y Searle durante los años sesenta).[3]

El concepto de intencionalidad, como categoría psicológica que
relaciona el lenguaje con el usuario del mismo en cada acto de habla,
tiene unas implicaciones propias para los lenguajes especiales. Los
actos de habla se pueden analizar como el resultado de la convergen-
cia entre un hablante (o escritor), un interlocutor (o lector) y un tema
(un área de referencia), en un momento y lugar determinados y en
circunstancias particulares. Al resultado de este planteamiento lo de-
nominamos *texto*, ya sea en forma hablada o escrita.

Las fórmulas de promulgación de las leyes son uno de los ejemplos más citados para explicar lo que es un *text-in action* según la de-

---

2. Véase Levinson (1983), y Van Dijk (1977).
3. Austin (1962) y Searle (1969, 1976). La teoría de los actos de habla ha tenido numerosos
defensores y detractores, y con la aparición de la teoría de la pertinencia de Sperber y Wilson (1986)
se han cuestionado algunos de sus planteamientos. Sin embargo, resulta útil como marco metodológico para el análisis de la intencionalidad de los documentos legales que abordamos en este trabajo.

nominación de Halliday (1985 *b*). Se trata de actos de habla declarativos (también denominados performativos) explícitos, actos de habla que realizan funciones lingüísticas y sociales: algo que al pronunciarse altera la realidad social.

Short title	**Offensive Weapons Act 1996**
Official citation	**1996 Chapter 26** An Act to make provision about persons having knives, other articles which have a blade or are sharply pointed or offensive weapons; and about selling knives or such articles to persons under the age of sixteen years. [4th July 1996]
Enacting formula	BE IT ENACTED by the Queen's most Excellent Majesty, by and with the advice and consent of the Lords Spiritual and Temporal, and Commons, in this present Parliament assembled, and by the authority of the same, as follows:-
Section	1- (1) In section 24 of the Police and Criminal Evidence Act 1984 (arrest without warrant for arrestable offences), in subsection (2), after paragraph (j) there is inserted

EJEMPLO 4.1.   *Fórmula de promulgación de las leyes británicas.*

En este caso, la enunciación de esta fórmula conlleva el acto institucional de promulgar una ley. La fórmula de promulgación funciona como un macroacto de habla debido a su función de marco declarativo de la intención de todo el texto. Lo mismo sucedería con fórmulas como: «*Notice is hereby given...*» y «*Know all men by these present...*».

La intencionalidad del lenguaje determina la elección del punto de vista (primera, segunda o tercera persona); la voz (activa o pasiva), y el tono (la actitud del escritor hacia el tema y hacia el lector). En los textos legales predominan los elementos directivos (leyes), declarativos (testamentos) y comitivos (contratos). Las sentencias constituyen uno de los tipos de documentos que más se han estudiado desde el punto de vista de la intencionalidad.[4]

---

4. En el campo del discurso jurídico se han publicado interesantes trabajos sobre los actos de habla en el derecho entre los que destacan los de Kurzon (1986); Maley (1987), y Danet y Bogoch (1994).

1.2. FUNCIONES DE LOS TEXTOS JURÍDICOS

Se ha escrito mucho sobre las funciones del lenguaje general, y la lingüística tradicional ha propuesto diversas divisiones, lo que ha creado una cierta confusión.[5] Lo cierto es que las teorías funcionales de la lengua centran su atención en el comportamiento lingüístico de los hablantes y que la mayoría de los autores establecen como primer postulado que la lengua posee dos grandes funciones: una ideacional (sobre algo) y otra interpersonal (como medio de comunicación en la sociedad). La Escuela de Praga añade una tercera función que sirve de puente entre las otras dos, la función textual (Halliday, 1976).

Estas diferencias taxonómicas deben atribuirse no tanto a la falta de acuerdo entre los distintos autores, sino al significado que cada uno da a los conceptos de *función* y *lenguaje*. Además, ninguno de ellos hace alusión específica a los lenguajes especiales, que sería el enfoque más útil para los traductores jurídicos. En la bibliografía sobre lenguajes especiales se habla de *uses of language*, que Sager (1980) define del siguiente modo, «*the use in realisations, with particular reference to special languages, using "intention" for the psychological aspect of the question*».

Algunas de las funciones de los lenguajes naturales (comunicar, clasificar, expresar y crear emociones, sustentar las relaciones sociales) tienen poco valor en los lenguajes especializados que sirven para la comunicación especializada entre personas con conocimientos y roles profesionales similares. Sin embargo, el empleo de un lenguaje restringido a un grupo de personas también se utiliza para reforzar la coherencia del grupo social en cuestión y diferenciarse del resto de la sociedad, y no sólo para comunicarse. En el caso del lenguaje jurídico, por ejemplo, tiene además la función de restringir el acceso de otros miembros de la comunidad a esa parcela de la realidad. Todo ello me lleva a afirmar que los lenguajes especializados cumplen una función social a la que no se le ha prestado demasiada atención, y que podría ser objeto de estudio en el futuro.

En los lenguajes especializados predomina la función comunicativa (referencial) y la clasificatoria. Desde el punto de vista comunicativo, los lenguajes naturales sirven para comunicar infinidad de conceptos, ideas, emociones y deseos. Los lenguajes especializados sirven para la comunicación, pero no se comunican deseos ni emociones, por ejemplo. Por tanto, la diferencia entre ambos tipos de len-

---

5. Bühler (1934) habla de tres funciones: representativa, expresiva y vocativa; Jakobson (1960): referencial, emotiva, conativa, metalingüística, fática, poética; Halliday (1973): textual, ideacional, interpersonal; Lyons (1977): descriptiva, expresiva, social.

guaje, en lo que respecta a la función comunicativa, no estriba en el uso como tal, sino en el contenido de la información y en las situaciones en las que la comunicación tiene lugar.

El concepto de uso clasificatorio (taxonómico) del lenguaje nos refiere a la idea de que el lenguaje cumple una función de clasificación y organización de la realidad debido a su naturaleza sistemática:

> By translating reality into another mode, language imposes the rules of its own system on it... Over time and according to the user group of language involved, patterns of linguistic relationships, or collocations, evolve which for the particular user group represent the relationships they want to single out in the real world (Sager, 1980).

Cualquier intento de definir las funciones de los lenguajes especiales debe tener siempre como premisa el hecho de que en cada situación de comunicación el lenguaje tiene una función predominante y otras funciones secundarias. Por otra parte, los lenguajes especiales sólo pueden estudiarse desde el punto de vista de su realización en situaciones concretas y se deben considerar productos del uso y la intencionalidad.

Al analizar la función de los textos legales, se observa que su nota característica es la multifuncionalidad. No se puede decir que un texto tenga una u otra función, sino que presenta un foco funcional principal. La función más habitual de los textos jurídicos es la instructiva, o exhortativa sin alternativa, en palabras de Hatim y Mason (1990). Tienen función instructiva las leyes, decretos, contratos, etc. Pero también se da la función expositiva (en los antecedentes de hecho de los documentos judiciales), la argumentativa (en las sentencias, en los libros de doctrina) y la expresiva (en las intervenciones de los abogados ante el jurado...). Un claro ejemplo de esta multifuncionalidad es el que se desprende del análisis funcional de una sentencia española que recogemos a continuación (cuadro 4.1).

2. La semiótica del texto jurídico: discursos, géneros e intertextualidad

La semiótica es la dimensión del contexto que regula la relación mutua de los textos en tanto signos. Esta interrelación tiene lugar, por un lado, entre los diversos elementos discursivos como signos, y entre éstos y los receptores pretendidos. Los sistemas de signos funcionan tanto en el marco de una cultura como entre culturas diferentes, y la semiótica aborda la elaboración e intercambio de información tanto en el interior como a través de las fronteras culturales.

CUADRO 4.1. *Análisis funcional de una sentencia española*

Sentencias españolas

Función expositiva

* Preámbulo o encabezamiento
* Antecedentes de hecho en párrafos separados y numerados (historia del proceso que ha seguido el caso)
* Hechos probados (relato de los hechos)

Función argumentativa

* Fundamentos de derecho (argumentación jurídica)

Función instructiva

* Fallo

La traducción consistiría en el proceso que transforma una entidad semiótica en otra, bajo ciertas condiciones de equivalencia relacionadas con los códigos semióticos, la acción pragmática y los requerimientos comunicativos generales.[6] Para el traductor, la importancia de esta dimensión proviene del hecho de que las lenguas difieren en el modo en que perciben y compartimentan la realidad. Esta situación crea arduos problemas para el traductor, pues implica que raramente podrá encontrar algo más que equivalencias superficiales entre las variadas divisiones y categorías que las distintas lenguas imponen a los patrones de pensamiento de sus hablantes.

Para organizar estas categorías sígnicas abstractas resulta útil recurrir a la distinción entre: macrosignos culturales, microsignos culturales y elementos de intertextualidad, que a continuación analizaré en el marco del lenguaje jurídico.

2.1. MACROSIGNOS CULTURALES: DISCURSOS, GÉNEROS

En la estructura social existen determinadas instituciones y sistemas parciales, todos caracterizados por la manera concreta en que se comunican interna y externamente y por los textos típicos que para ello emplean. Quizás uno de los sistemas más reglamentados sea el sistema jurídico, que en su gran mayoría funciona sobre la base de textos: se dictan leyes, se levantan actas, se conciertan contratos, se

---

6. Véase Hatim y Mason (1990).

extienden órdenes de registro domiciliario, etc. En todos estos casos, los textos jurídicos tienen una forma fija y convencional, extremadamente precisa, con expresiones especiales y una sintaxis propia que depende de las funciones jurídicas particulares de estos textos.

Esta afirmación nos lleva directamente al concepto de género: los géneros se corresponden directamente con las categorías que los hablantes adultos de una lengua pueden reconocer fijándose en su forma externa y en las situaciones de uso. Hatim y Mason (1997) se refieren a este tipo de signos como «convenciones sociotextuales», que son distintas en cada comunidad de hablantes o de usuarios de textos.

Es evidente que, aunque todos los textos legales comparten las características generales del lenguaje legal, cada uno presenta una estructura típica y fácilmente reconocible que lo individualiza como género independiente. Una ley, un poder notarial, un contrato, una citación judicial... Todos pertenecen al registro legal, pero, a su vez, cada uno es un género independiente merced a una estructura y a unas convenciones textuales que todo hablante de una lengua puede reconocer. Estos tipos de textos o géneros tienen unas funciones precisas y unas características discursivas diferenciadas, que analizaré en el siguiente capítulo, dedicado a la clasificación de los documentos legales.

2.2. MICROSIGNOS CULTURALES

La presencia de microsignos culturales[7] en los textos legales se manifiesta en la terminología propia de cada sistema jurídico, en los nombres de instituciones y organismos oficiales (tribunales, órganos de la Administración), en los nombres de las distintas profesiones (abogado, fiscal, juez; *barrister, solicitor, attorney, counsel for the prosecution, judge*). Esta cuestión plantea significativos problemas para la traducción jurídica, debido al gran número de microsignos culturales que pueden contener los textos legales.

2.3. ASPECTOS INTERTEXTUALES

Todo texto se construye como un mosaico de citas, todo texto es absorción y transformación de otro texto (Kristeva, 1978).

Se entiende por intertextualidad la dependencia de unos textos de otros, y la inteligibilidad de los textos depende de esta relación. Este

---

7. Hatim y Mason (1997) hablan de «objetos socioculturales» (por ejemplo «Job» en la frase «Tiene más paciencia que Job»). Son entidades reconocibles por todos los miembros de una comunidad lingüística, que normalmente reflejan creencias y convicciones muy extendidas.

tipo de relaciones acerca tanto a otros textos del mismo autor como a los modelos literarios o a los géneros convencionales, explícitos o implícitos, a los que se puede hacer referencia.

El lenguaje jurídico está marcado por distintos aspectos de intertextualidad. En primer lugar, todos los textos de esta especialidad se organizan en un marco de referencia no sólo conceptual, sino también de conocimiento de los textos que lo delimitan. Por otra parte, este fenómeno se observa con más intensidad en los sistemas de derecho anglosajón basados en precedentes judiciales *(case law)* puesto que el derecho en sí va evolucionando sobre la base de resoluciones judiciales que aparecen citadas en cada resolución posterior.

Al redactar una sentencia, el juez hace referencia a sentencias anteriores citando parte de las mismas; al redactar un contrato se hace referencia a ciertos artículos de la ley que, a veces, incluso se reproducen; al redactar una ley se hace referencia a leyes anteriores que se enmiendan, amplían o derogan; en los libros de doctrina se citan casos, fragmentos de leyes y opiniones de otros autores. En resumen, la intertextualidad (el texto dentro del texto) es un fenómeno que constituye una de las notas distintivas de este lenguaje de especialidad:

> As in legislation and courtroom discourse, all discourse is carried on against a framework not only of shared knowledge of the institutional culture, but of knowledge of a more specific kind, that is, of the relevance of other institutional discourses to the particular issue (Maley, 1994).

La hibridación (la aparición de otros tipos de texto dentro de los textos legales) es mínima en el registro legal. No obstante, se hace patente en los expedientes judiciales que contienen informes periciales (de expertos en balística, de peritos calígrafos, de forenses, etc.); en las especificaciones técnicas que aparecen en los anexos de los contratos (los detalles técnicos de una máquina de impresión textil en un contrato de compraventa de maquinaria industrial, por ejemplo), y en todos aquellos casos en los que el derecho sirve para regular aspectos de la realidad que deben aparecer explicados y definidos.

3. La situación comunicativa y la variación lingüística en los textos jurídicos

Según el enfoque sistémico-funcional, el registro de un texto se define según el campo, el tono y el modo del discurso. Estos tres son los conceptos generales que necesitamos para definir lo que es lingüísticamente significativo en el contexto de situación.

Por otra parte, la descripción de la variación lingüística se realiza desde dos niveles. Uno tiene que ver con la figura del usuario en un hecho de lengua: quién o qué es el hablante o escritor. Las variedades relacionadas con el usuario reciben el nombre de dialectos (geográficos, sociales, temporales...). El segundo nivel es el del uso, y las variedades relativas al mismo se denominan registros.

Antes de pasar a analizar el funcionamiento del lenguaje jurídico con relación a estos factores, veamos quiénes son los participantes (emisor y receptor) en la comunicación jurídica en general. El lenguaje jurídico se utiliza en las relaciones en que interviene el poder público, ya sea en las manifestaciones procedentes de este poder (legislativo, ejecutivo o judicial) hacia el ciudadano, o en las comunicaciones de los ciudadanos dirigidas a cualquier tipo de institución. También se utiliza para regular las relaciones entre particulares con trascendencia jurídica (cuadro 4.2).

3.1. TONO

El tono del discurso se refiere a la relación entre los participantes en el acto de comunicación, no sólo en cuanto al grado de forma-

CUADRO 4.2.   *Situación comunicativa general del lenguaje jurídico*

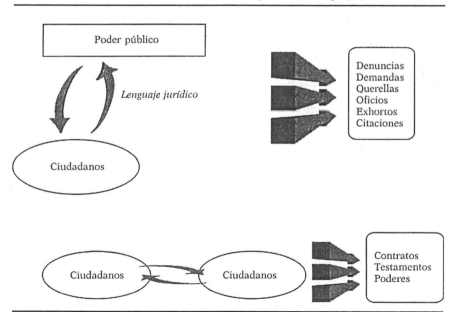

lidad, sino también a la permanencia o no de su relación, la carga emocional, etc. En los lenguajes especiales se dan distintas situaciones relativas al tono:

1. Emisor altamente especializado y receptor altamente especializado (sería el caso de las revistas muy especializadas y de los textos legales, por ejemplo).
2. Emisor altamente especializado y receptor de especialidad media (sería el caso de las revistas de divulgación científica).
3. Emisor de especialidad media y receptor no especializado.

Dependiendo de estos factores, el autor adoptará un tono más o menos formal y utilizará un vocabulario altamente especializado, semitécnico o general. En el caso de los textos legales, el tono de la comunicación es por lo general extremadamente formal o formal, con rasgos ceremoniales y rituales que hunden sus raíces en la historia (el ritual y los formalismos que se observan en los juicios, la pompa de las ceremonias de apertura del año judicial o de nombramiento de nuevos colegiados, las pelucas del mundo anglosajón, las togas, las formas de dirigirse al tribunal, las fórmulas de promulgación de las leyes...).

Ejemplos de lo anterior son las fórmulas utilizadas para dirigirse al Tribunal supremo británico: *Oyez, oyez, oyez*; o las fórmulas de juramento: *I do solemnly swear*; o de toma de declaraciones: *Do you solemnly swear to tell the truth, the whole truth and nothing but the truth, so help you God*. A continuación reproduzco la fórmula de juramento británico como aparece estipulada en la legislación.

FORM AND MANNER OF TAKING THE OATH

The person taking the oath shall hold the New Testament, or in the case of a Jew, the Old Testament, in his uplifted hand, and shall say or repeat after the officer administering the oath:

I swear by Almighty God that this is my name and hand-writing and that the contents of this my affidavit are true.

FORM OF AFFIRMATION

I,   , do solemnly, sincerely and truly declare and affirm that this is my name and hand-writing and that the contents of this my affirmation are true.

EJEMPLO 4.2. *Fórmula de juramento según la ley británica* (The Oaths Act 1978).

Al leer un texto jurídico inglés, el lector no puede menos que sentir la intensa impersonalidad y distanciamiento que se intenta comunicar. Aunque este tipo de textos está normalmente destinado a la comunicación entre dos partes, suelen estar redactados en tercera persona (contratos, leyes). Abundan las fórmulas impersonales, y se observa una inexistencia casi total de interjecciones y adjetivos y adverbios intensificadores *(muy, más...)*.

En otros casos, la primera persona del plural sustituye a la primera del singular, dando al texto un carácter extremadamente pomposo y ceremonial. Sin embargo, los testamentos y las sentencias judiciales se redactan en primera persona por su carácter de voluntad u opinión personal, respectivamente. Además, las sentencias utilizan el presente histórico, con el fin de conseguir una sensación de intemporalidad en las decisiones judiciales. Los defensores de la reforma y simplificación del lenguaje jurídico abogan por un mayor uso de la primera persona.

En un elevado porcentaje de los casos, los documentos legales han sido redactados por juristas y van destinados a personas con esta misma formación. Se trata, por tanto, de comunicación interprofesional que presenta los rasgos característicos de los registros restringidos. En el *continuum* que va desde los registros profesionales más restringidos (en cuyo extremo podríamos situar el registro de las previsiones meteorológicas) hasta los más libres (el lenguaje de la publicidad por ejemplo), el lenguaje jurídico estaría mucho más cerca del primero que del segundo.

Crystal y Davy en su ya clásico *Investigating English Style* (1969) distinguen cinco variedades de lenguaje basándose en las situaciones de uso (religioso, prensa, legal, conversación, emisiones radiofónicas sin guión) y dedican un capítulo al lenguaje legal inglés, al que atribuyen las siguientes peculiaridades distintivas que influyen de forma decisiva en el tono de los textos que genera:

a)   Es uno de los lenguajes menos espontáneos y menos comunicativos.

b)   Va dirigido a personas que conocen la jerga profesional.

c)   Utiliza términos arcaizantes que provienen del latín y del francés.

d)   Es una variedad de lenguaje extremadamente conservadora y mantiene formas lingüísticas que han quedado abandonadas hace tiempo en todas las demás disciplinas. Este conservadurismo se puede atribuir también al carácter ceremonial de este aspecto de la realidad social.

e)   Los usuarios del lenguaje legal intentan evitar la ambigüedad a toda costa, para ello recurren a fórmulas y a un lenguaje que ha sido utilizado durante muchos años y que les asegura, en cierto modo, que el mensaje es exactamente lo que quieren comunicar.

En relación con esta última afirmación, el conservadurismo y extremada formalidad del lenguaje legal también puede atribuirse a razones prácticas y no ideológicas. Al hacer uso de las formas fosilizadas del lenguaje legal, los juristas no sólo intentan mantener el orden establecido, sino también mantener sus puestos de trabajo y sus clientes. Prefieren utilizar formas acuñadas, cuya interpretación ha quedado sancionada en casos anteriores, antes que innovar y arriesgarse a que sus textos puedan ser interpretados de forma distinta a la deseada. De ahí la costumbre de utilizar formularios y documentos tipo (conocidos en el ámbito legal británico como *forms and precedents*).

3.2. MODO

El modo del discurso se refiere al canal de comunicación adoptado. Las diferencias no se limitan a si es escrito o hablado; puede haber textos escritos para ser leídos, escritos para ser escuchados, escritos para ser radiados, hablados para que tomen notas los oyentes, etc.

Desde el punto de vista lingüístico, el lenguaje oral y escrito están a un mismo nivel, pero cumplen funciones distintas. En el lenguaje jurídico predomina el lenguaje escrito porque permite guardar un registro permanente, comunicarse a distancia y con muchas personas a la vez, y el emisor puede revisar y corregir los mensajes.

Los textos legales pueden ser orales (la declaración de un testigo, las intervenciones de los abogados ante el tribunal); escritos (un poder notarial, una diligencia judicial); escritos para ser leídos en voz alta (los formulismos de apertura de una vista oral); y orales para ser grabados (grabaciones de las declaraciones de un acusado). No obstante, el registro jurídico funciona principalmente a partir de documentos escritos.

Estas consideraciones interesan al traductor jurídico porque la modalidad de traducción que se aplica en cada caso depende, obviamente, del modo del original. Así, los textos escritos suelen requerir traducción escrita. Sin embargo, podemos encontrarnos muchas otras modalidades de traducción jurídica partiendo incluso de textos escritos: un documento escrito puede ser objeto de traducción a la vista por ejemplo. En el capítulo 6 de este libro se presentan las distintas modalidades de traducción jurídica: traducción a la vista, interpretación consecutiva e interpretación simultánea.

3.3. Campo

Se entiende por campo del discurso el marco institucional en que tiene lugar un acto de comunicación. Engloba no sólo el tema, sino toda la actividad de los hablantes en un determinado marco. Es, por tanto, el tema del que se habla, más el papel del hablante en ese tema.

Los textos legales son textos relativos al campo temático del derecho en los que pueden aparecer fragmentos relacionados con otros campos del conocimiento (especificaciones técnicas de la mercancía en un contrato de compraventa, por ejemplo). Son textos que pertenecen a un registro profesional restringido, y sirven para regular las relaciones jurídicas entre los ciudadanos. La traducción jurídica está marcada por el campo del discurso de sus textos debido a las sustanciales diferencias conceptuales que existen entre los sistemas jurídicos.

En cuanto al papel del hablante, en cada texto legal se desarrolla en un contexto de comunicación diferente. Los contratos privados, por ejemplo, son actos de comunicación entre dos particulares con carácter vinculante. Sin embargo, en las leyes, el emisor y el receptor no están al mismo nivel. El emisor es el poder legislativo que impone el cumplimiento de unas determinadas normas al ciudadano. Estas diferencias contextuales generan distintos tipos de textos legales, tal como veremos en el capítulo 5, en el que se trata la clasificación de los textos jurídicos atendiendo a la situación comunicativa en que se producen.

CAPÍTULO 5

CLASIFICACIÓN DE LOS TEXTOS JURÍDICOS: LOS GÉNEROS LEGALES

La comparación de los distintos textos en la lengua de partida y la lengua término es una actividad que realizan constantemente los traductores especializados. El traductor debe dominar la tipología textual de su campo de especialidad, para dar cuenta en sus traducciones de las convenciones textuales, sociales y legales (en el caso de la traducción jurídica) que se le exigen.[1]

En la traducción jurídica, en particular, resulta sumamente útil contar con clasificaciones de textos en lengua origen y lengua término que permitan al traductor establecer comparaciones en el plano textual, funcional y de aplicación práctica del derecho. El traductor necesita encuadrar el texto que va a traducir en una categoría textual convencional que los hablantes de esa lengua sean capaces de reconocer. ¿Se trata de un testamento *(will)*, o de un fragmento de un libro de doctrina *(law text book)*? ¿Es un artículo de una ley *(section of an Act)*, el veredicto de un jurado *(verdict)*, o el fallo de una sentencia *(judgement)*? Es obvio que las soluciones de traducción no serán iguales en todos estos casos.

Los textos jurídicos son instrumentos de uso que tienen una forma y una función determinadas en cada cultura y que, en ocasiones, presentan importantes lagunas de equivalencia debido a la falta de uniformidad entre los sistemas jurídicos. Parece, por tanto, conveniente contar con esquemas de clasificación de los textos legales tanto en lengua de partida como de llegada. Una clasificación sistemática y coherente que, además, interrelacione los textos de partida y de

---

1. En el campo de la enseñanza de lenguas para fines específicos se ha trabajado mucho en este sentido y existen numerosos trabajos sobre la clasificación de los textos, especialmente los de economía y empresa y los textos técnicos y científicos (Tannen, 1982 *b*; Biber, 1989, 1994; Swales 1990).

llegada (textos paralelos) tiene múltiples ventajas para los traductores jurídicos:

1. Influye decisivamente en la calidad de la traducción, ya que el trabajo con textos paralelos potencia el respeto de las convenciones de género, de discurso y de tipo textual.
2. La consulta de documentos paralelos potencia la precisión terminológica y la adecuación a los distintos tecnolectos de las subespecialidades del derecho.
3. Tiene importantes implicaciones para el desarrollo de programas de *software* para traductores. Las tipologías textuales dentro de un lenguaje de especialidad facilitan la sistematización de la traducción mediante el análisis de corpus de documentos tipo. Los resultados de un análisis de este tipo permitirán elaborar bancos de datos terminológicos especializados, bases de datos de documentos tipo, o programas de traducción asistida basados en memorias de traducción.
4. Resulta una herramienta útil en la didáctica de la traducción especializada, pues permite diseñar programas de enseñanza basados en documentos auténticos y ofrecer a los estudiantes una visión relativamente completa de las posibles realizaciones del lenguaje especializado sobre el que se trabaje.

1. Propuestas de clasificación

Hasta la fecha se han propuesto diversas tipologías de textos legales, que a continuación expondré someramente para después presentar una clasificación por géneros, diseñada con el objetivo de responder a las necesidades reales de consulta y documentación que tenemos los traductores jurídicos.

1.1. CLASIFICACIONES BASADAS EN LAS RAMAS DEL DERECHO

Dentro del ámbito del derecho existen numerosas especialidades (derecho civil, penal, de sociedades, financiero, etc.), y el traductor especializado en traducción jurídica puede abarcar razonablemente estas distintas ramas y traducir documentos de las distintas especialidades. Según esta clasificación, distinguiríamos entre textos de derecho civil, textos de derecho penal, fiscal, administrativo, procesal, etc.

En general, en todas estas especialidades se utiliza un tecnolecto similar: el lenguaje jurídico. No obstante, aunque todos los textos legales presentan unas particularidades lingüísticas comunes, cada especialidad presenta a su vez un cierto número de términos específicos que no aparecen o que no funcionan igual en otras ramas del derecho. Dentro del ámbito del mismo lenguaje jurídico, los términos pueden tener distintas acepciones, dependiendo de la especialidad legal a que se refieran. Así, por ejemplo, el término *attorney* no funciona igual en un poder notarial en el que significa «apoderado» que en un documento procesal norteamericano en el que puede significar «abogado». No es lo mismo *attorney at law* (apoderado) que *Attorney General* (que significa Fiscal General en el Reino Unido, y cargo equivalente al ministro de Justicia español en EE.UU.).

Por otra parte, los textos con unas características discursivas muy diferenciadas (como por ejemplo un fragmento de un libro de texto sobre derecho civil y un contrato) aparecerían, según esta clasificación, agrupados bajo el epígrafe de textos de derecho civil. Por el contrario, dos leyes (Ley de Enjuiciamiento Criminal y Ley Hipotecaria) podrían aparecer agrupadas en categorías diferentes (derecho penal y derecho civil), dependiendo de la rama del derecho a la que se refieren, a pesar de que ambas respondan a un patrón textual único.

Por las razones que he apuntado, esta clasificación quizás pudiera servir a los traductores para determinar la acepción correcta de ciertos términos cuyo significado varía según la especialidad del derecho en que se utilice, pero para poco más. Las categorías resultantes de su aplicación son demasiado amplias (en la categoría de textos procesales encontraríamos tanto citaciones como sentencias, dos tipos de textos que presentan unas características muy diferenciadas) y poco relevantes para el trabajo del traductor especializado.

1.2. Clasificaciones basadas en la función de los textos

Otra clasificación posible de los textos legales es la que se desprende de las funciones que cumplen los documentos jurídicos. La gran mayoría de los textos legales tienen como función dominante la instructiva o exhortativa (leyes, citaciones, sentencias). También podemos encontrar textos en los que predomina la función argumentativa, como sucede en los libros de doctrina. Ahora bien, lo más habitual es encontrar textos en los que aparecen varias funciones (textos multifuncionales), tal como sucede en las sentencias en las que encontramos una parte expositiva (fundamentos de hecho), otra argumentativa (fundamentos de derecho) y por último una parte instructiva (el fallo) (véase cuadro 4.1).

La clasificación por funciones puede resultar interesante a efectos de investigación pero, en la práctica, nos encontramos con el problema de la multifuncionalidad, que rompe el principio de monotipia que debe cumplir una tipología textual. Este tipo de clasificación resulta, por tanto, insuficiente para los propósitos del traductor jurídico.

1.3. Clasificaciones basadas en la situación comunicativa

Una tercera clasificación sería la basada en la situación comunicativa. Dentro de este apartado podríamos incluir las propuestas que agrupan los textos legales en grandes bloques, teniendo en cuenta distintos elementos de la situación discursiva. En este sentido, citaré en primer lugar la subdivisión que propone Zunzunegui (1992) de los textos legales: 1) *Lenguaje legal*: lenguaje en el que se formulan las leyes, y textos legales escritos. 2) *Lenguaje judicial*: lenguaje de los jueces en su aplicación del derecho. 3) *Metalenguaje jurídico*: lenguaje de la ciencia jurídica.

Danet (1980) presenta una tipología diferente basándose en los elementos de tono y modo. Atendiendo al modo, distingue entre textos escritos, textos hablados preparados y textos hablados espontáneos. El tono determina cuatro categorías: textos fosilizados *(frozen)*, textos formales *(formal)*, textos profesionales *(professional)* y textos informales *(casual)* (cuadro 5.1).

Por su parte, Maley (1994) propone un modelo de clasificación para los textos legales de los sistemas de Common Law. Su clasificación define cuatro tipos generales de discursos legales atendiendo a las situaciones comunicativas que los originan: *a)* fuentes del derecho y puntos de iniciación del proceso legal; *b)* situaciones procesales previas al juicio oral; *c)* juicio oral, y *d)* registro de las decisiones judiciales en los repertorios de jurisprudencia *(Law Reports)* (cuadro 5.2).

Desde un punto de vista teórico, considero que los esquemas de clasificación que acabo de exponer abren muchas posibilidades de análisis. Sin embargo, las categorías que resultan de aplicar estos esquemas a los textos escritos resultan poco útiles para la práctica de la traducción especializada.

Entiendo que en los esquemas de Zunzunegui y de Danet, las categorías son demasiado genéricas (textos que utilizan el metalenguaje jurídico o textos escritos de tono formal...). Por otra parte, en el de Maley, se echan en falta categorías muy importantes, como podrían ser la de textos doctrinales, la de artículos especializados o la de obras de referencia; esto deja fuera de su clasificación ciertos tipos de textos escritos muy importantes en el lenguaje jurídico, como es el caso de los libros de texto, o los artículos de revistas de derecho.

CUADRO 5.1. *Tipología de textos jurídicos atendiendo al tono y al modo*
(adaptado de Danet, 1980)

Modo	Tono			
	Fosilizado	Formal	Profesional	Informal
Escrito	Documentos: Pólizas de seguro Contratos Testamentos	Leyes Informes legales Recursos		
Oral prepa- rado	Fórmulas de matrimonio Sentencias Juramento de los testigos Instrucciones al jurado Veredictos	Interrogatorios en juicios hechos por los abogados Declaraciones Declaraciones de los peritos Discursos de los abogados en los juicios	Declaraciones de testigos sin formación le- gal	
Oral espon- táneo			Interacción abo- gado-cliente Interacción entre los abo- gados y el juez en el juicio	Conversacio- nes entre abogados

CUADRO 5.2. *Tipología de textos jurídicos atendiendo a la situación discursiva*
y al modo (Maley, 1994)

Discourse situation			
Sources of Law; Originating points of legal process	Pre-trial processes	Trial processes	Recording and law-making
legislature (legislature/ subject) regulations (authority/ subject) precedents (judges/ defendants) wills, contracts, etc. (two parties)	police interview (authority/ subject) pleadings (lawyer/lawyer) consultation (lawyer/client) subpoena (authority/ subject)	court proceedings (counsel/ witness) intervention rules (judge/counsel) jury summation (judge/jury) decision (judge/ defendant)	case reports (judge/defendant) (judge/other judges)
Written texts	*Spoken and written texts*	*Spoken texts*	*Written texts*
Legal discourses	*Legal discourses*	*Legal discourses*	*Legal discourses*

Ahora bien, las tipologías de Maley o Danet pueden resultar apropiadas para encuadrar las realizaciones orales del lenguaje jurídico, puesto que conceden mucha importancia al registro oral. Como ya expuse en la introducción, esta obra se refiere únicamente a la traducción de textos escritos sin entrar en el ámbito de estudio de la interpretación y·ésa es otra de las razones que me ha llevado a investigar otro sistema de clasificación de los textos legales escritos, la clasificación por géneros, que presento a continuación.

1.4. LA CLASIFICACIÓN POR GÉNEROS

El conservadurismo del lenguaje jurídico lleva aparejada la costumbre de utilizar textos «fosilizados», que tienen una forma convencional fija y estereotipada. Son documentos tipo, modelos normalizados de textos asimilables al concepto de género. En secciones anteriores definía los géneros como las categorías que los hablantes adultos de una lengua pueden reconocer fijándose en su forma externa y en las situaciones de uso: prosa académica, cartas comerciales, recetas de cocina, etc. Siguiendo esta definición, en el lenguaje legal serían ejemplos claros de géneros los contratos, los testamentos, las escrituras, las sentencias, las citaciones, las escrituras de constitución de sociedades, los libros de doctrina, las demandas...

Como primer acercamiento a la clasificación por géneros de los textos legales conviene estudiar cómo organizan sus mensajes los usuarios del lenguaje jurídico: abogados, jueces, fiscales, notarios, registradores en España y *solicitors*, *barristers*, *judges* y *notaries public* en Gran Bretaña. En este sentido, una de las características que más llama la atención al estudiar la documentación legal es la tendencia a la sistematización y clasificación de los textos legales, tanto en el sistema jurídico español como en el británico, algo que no sucede en otros campos de especialidad y que facilita sobremanera la labor del traductor.

Este esfuerzo clasificatorio ha dado como resultado un sinfín de formularios en el derecho español (formularios judiciales, formularios notariales, formularios de contratos, formularios inmobiliarios...) y la extensa *Encyclopaedia of Forms and Precedents* en derecho inglés, entre otros.[2] Estos formularios, que trataré más adelante (cap. 5, § 5.2), constituyen verdaderos repertorios de géneros y subgéneros legales y son una herramienta muy útil para el traductor pues permiten comparar géneros en la lengua de partida y la lengua de llegada.

---

2.   Véase en «Bibliografía» por materias: *Formularios españoles y Formularios ingleses.*

Es evidente que cuanto más estable es un género más fácil resulta establecer paralelismos con el género correspondiente en la lengua de llegada y sistematizar su traducción. Este hecho me lleva a plantear la posibilidad de aplicar sistemas de traducción asistida por ordenador a los textos legales, lo que constituye, a mi entender, un campo de investigación con muchas expectativas de futuro.

En suma, los juristas tienen muy esquematizadas las situaciones de uso, las convenciones de género, las funciones y el tipo de discurso de sus mensajes. Además, tienen sus documentos organizados en formularios y repertorios. Por tanto, resulta relativamente sencillo establecer una relación de los géneros más característicos y definir a posteriori su foco contextual y sus rasgos discursivos. El empleo de una clasificación de este tipo facilita en gran medida la localización de textos paralelos, la investigación terminológica, la traducción jurídica y, en último término la didáctica de la misma.

Al final de este capítulo (véase cuadro 5.16) presento mi propuesta de clasificación, que resulta de agrupar los géneros legales en categorías, atendiendo a su situación discursiva, a los participantes en el acto de comunicación, al tono que se utiliza en la misma y a su finalidad. Para determinar la finalidad o función de los textos se define el foco contextual dominante y el secundario. Dentro de cada categoría así definida se detallan, a continuación, los géneros más característicos. Este esquema de clasificación es el resultado de numerosas conversaciones con estudiosos del derecho, abogados en ejercicio y profesionales de la traducción jurídica.

En los siguientes apartados describo las distintas categorías que he identificado tras analizar un corpus extenso de textos legales españoles y británicos. Este listado de géneros no pretende ser exhaustivo, pero podría ser un primer paso en la elaboración de un repertorio bilingüe (inglés-español) de textos legales. Las categorías de clasificación identificadas son las siguientes:

1. Textos normativos.
2. Textos judiciales.
3. Jurisprudencia.
4. Obras de referencia.
5. Textos doctrinales.
6. Textos de aplicación del derecho.

He ilustrado mis comentarios con fragmentos de los documentos de un corpus compuesto por textos legales auténticos procedentes de mis archivos personales, de los archivos de colegas traductores y abogados, y de la red Internet. Por razones de espacio y de propiedad intelectual, no ha sido posible reproducir en esta obra el corpus utilizado para realizar la clasificación. En los siguientes apartados se establecen las características diferenciadoras de cada categoría y se analiza la estructura textual convencional de algunos de los géneros más característicos (ver cuadro 5.3).

2. Textos normativos

Entre los textos normativos se incluyen todas las disposiciones legislativas: leyes, decretos, reglamentos, órdenes, etc. El discurso legislativo ha sido objeto de numerosos trabajos y análisis debido a su peculiar carácter y al hecho de presentar un foco contextual dominante muy definido; las leyes son un ejemplo paradigmático de textos con foco contextual instructivo.

El discurso legislativo es el más complejo de todas las formas de lenguaje legal. Su forma ha sido acuñada a lo largo de la historia por la organización social y la ideología. Su función principal es regular el orden social y por tanto deben tener una interpretación inequívoca, cierta y flexible.

Tanto el sistema británico como el español tienen muy organizado su discurso legislativo. El sistema español recoge sus textos normativos en códigos y el sistema inglés recoge las leyes escritas *(Statute Law)* en colecciones de *Statutes* tales como el *Halsbury's Laws of England*. Los sistemas de Common Law tienen mucha menos ley codificada que los sistemas continentales puesto que su principal fuente de derecho es la jurisprudencia, la *Case Law* que se recoge en *Law Reports* (cap. 5, § 4.2).

Al tomar sus decisiones, los jueces ingleses no suelen consultar un código como hacen sus colegas españoles, sino que basan sus fallos en decisiones anteriores sobre el mismo tema. Como consecuencia directa de las diferencias intrínsecas entre un sistema de Common Law y un sistema continental como el español, el apartado de textos normativos tendrá mucho más peso en el ámbito español.

2.1. TEXTOS NORMATIVOS ESPAÑOLES (véase cuadro de la página 88)

El texto legislativo de mayor rango en España es la Constitución (CE) y todas las demás disposiciones están vinculadas a ella. La soberanía nacional reside en el pueblo español, del que emanan los poderes del Estado (CE, art. 1.2). Las Cortes Generales representan al pueblo español y ejercen la potestad legislativa del Estado (arts. 66.1

Textos españoles		Textos ingleses	
Texto 1.	Ley ordinaria	Texto 31.	Act of Parliament (full text)
Texto 2.	Real decreto ley	Texto 32.	Act of Parliament (outline)
Texto 3.	Circular	Texto 33.	Regulations
Texto 4.	Orden ministerial	Texto 34.	Writ of Summons
Texto 5.	Demanda de divorcio	Texto 35.	Pleadings: Statement of
Texto 6.	Demanda de juicio ordina-		Claim
	rio declarativo de menor	Texto 36.	Divorce Petition
	cuantía	Texto 37.	Acknowledgment of Service
Texto 7.	Denuncia		of Writ of Summons
Texto 8.	Interposición de querella	Texto 38.	Letter of Request
Texto 9.	Respuesta a la demanda y	Texto 39.	Claim by Bearer or Indorsee
	reconvención		of a Crossed Cheque
Texto 10.	Providencias	Texto 40.	Defence and Counterclaim
Texto 11.	Auto del Tribunal Consti-	Texto 41.	Subpoena
	tucional; Auto del Juzg. de	Texto 42.	Witness Summons
	1.ª Instancia	Texto 43.	Order directing Summons
Texto 12.	Sentencia Audiencia Pro-		for Appoin. of Receiver
	vincial de Madrid	Texto 44.	House of Lords Judgment
Texto 13.	Sentencia Juzgado de lo	Texto 45.	High Court of Justice
	Penal		Judgment
Texto 14.	Exhortos: Solicitud de	Texto 46.	Default Judgment, Queen's
	coop. judicial y Comisión		Bench Division
	rogatoria	Texto 47.	Law Report
Texto 15.	Cédula de notificación y	Texto 48.	Law Dictionary
	emplazamiento	Texto 49.	Encyclopaedia of Forms
Texto 16.	Cédula de notificación		and Precedents
Texto 17.	Solicitud de medidas caute-	Texto 50.	Text Book
	lares	Texto 51.	Legal Article
Texto 18.	Sentencia del Tribunal	Texto 52.	Power of Attorney
	Constitucional	Texto 53.	Partnership Agreement
Texto 19.	Fragmento diccionario es-	Texto 54.	Partnership Deed
	pañol monolingüe	Texto 55.	Agreement
Texto 20.	Fragmento diccionario es-	Texto 56.	Standard Conditions of Sale
	pañol bilingüe	Texto 57.	Dissolution Deed
Texto 21.	Fragmento formulario ju-	Texto 58.	Last Will and Testament
	dicial	Texto 59.	Last Will and Testament
Texto 22.	Fragmento libro de texto	Texto 60.	Last Will and Testament
Texto 23.	Artículo especializado	Texto 61.	Memorandum of
Texto 24.	Escritura de poder		Association
Texto 25.	Escritura de poder	Texto 62.	Bill of Sale
Texto 26.	Contrato de compraventa	Texto 63.	Indenture
	de bien mueble	Texto 64.	Distribution Agreement
Texto 27.	Escritura de compraventa	Texto 65.	Affidavit
	de bien mueble	Texto 66.	Form and Manner of
Texto 28.	Escritura de compraventa		taking the Oath
	de acciones		
Texto 29.	Estatutos de sociedad mer-		
	cantil		
Texto 30.	Escritura de constitución		
	de sociedad mercantil		

Textos normativos españoles	
Géneros principales: Constitución, Estatutos de Autonomía, Leyes, Decretos, Órdenes, Reglamentos	
Emisor	Poder legislativo (Parlamento, Gobierno, Ministerios...)
Receptor	Todos los ciudadanos españoles
Modo	Escrito para ser leído. Las normas sustantivas se organizan en códigos
Tono	Muy formal
Foco contextual dominante	Instructivo (articulado)
Foco contextual secundario	Argumentativo (preámbulo o exposición de motivos)
Finalidad	Regular las relaciones humanas dentro de un sistema de derecho

y 2); la Justicia emana del pueblo y los Jueces y magistrados están sometidos únicamente al imperio de la Ley (art. 117.1). La jerarquía normativa en España se puede resumir como aparece en el cuadro 5.4.

1. **El Derecho comunitario** es vinculante para todos sus miembros y se divide en dos grandes bloques:

a) El derecho que ha creado las Comunidades, conocido como derecho primario u originario. Está constituido por los Tratados constitutivos de las Comunidades europeas y aquellos otros que posteriormente los han completado o modificado como son los tratados de adhesión y el Acta Única Europea.

b) El derecho creado por las Comunidades, conocido como derecho derivado o secundario, emana de la función normativa que compete a la Comisión y al consejo y está formado por los siguientes tipos de normas:

• Reglamentos de carácter general, que obligan en todos sus elementos a todos los países miembros y son fuente inmediata de derechos y obligaciones.
• Decisiones, que afectan sólo a algunos de los países miembros y tienen también carácter obligatorio.
• Directivas, que obligan al Estado miembro destinatario en cuanto al resultado que deba conseguirse, dejando, sin embargo, a las autoridades nacionales la elección de la forma y de los medios.
• Recomendaciones y dictámenes, sin carácter vinculante.

La Comisión Europea, con sede en Bruselas, es la encargada de preparar y poner en práctica el derecho comunitario. Controla el

CUADRO 5.4. *Jerarquía normativa en España (Mur, 1991)*

1. Derecho comunitario

  Primario
  - Tratados constitutivos
  - Tratados de adhesión de nuevos Estados
  - Acta Única Europea

  Derivado
  - Reglamentos
  - Decisiones
  - Directivas
  - Recomendaciones
  - Dictámenes

2. Leyes

  - Constitución
  - Estatutos de Autonomía
  - Leyes orgánicas

  Leyes ordinarias
  - Leyes de Estado
  - Leyes de las Comunidades Autónomas

  Leyes especiales
  - Leyes de transferencias (orgánicas)
  - Leyes de delegación (orgánicas)
  - Leyes básicas (ordinarias)
  - Leyes marco (ordinarias)
  - Leyes de armonización (ordinarias)
  - Leyes de bases (ordinarias)

  Disposiciones con fuerza de ley
  - Reales decretos-leyes
  - Decretos legislativos
  - Leyes de las CC. AA. en desarrollo de una ley marco

3. Reglamentos
  - Reales decretos y decretos de los Consejos de Gobierno de las Órdenes de las comisiones delegadas del Gobierno
  - Órdenes Ministeriales
  - Resolución, circulares e instrucciones
  - Bandos (Administración Local)

cumplimiento de los tratados y supervisa el funcionamiento de las políticas comunitarias. Sus 17 comisarios son nombrados por los gobiernos nacionales, pero se comprometen bajo juramento a actuar con independencia respecto de éstos para velar por los intereses de la comunidad en su totalidad.

Básicamente, el proceso legislativo es el siguiente: el Consejo toma una decisión basándose en una propuesta de la Comisión que previamente ha sido analizada y enmendada en el Parlamento. El Tribunal de Justicia Europeo (TJE), con sede en Luxemburgo, está formado por 13 jueces asistidos por seis abogados generales. Su función es interpretar y aplicar la ley comunitaria. Sus decisiones son vinculantes en los distintos Estados miembros y prevalecen sobre el derecho nacional de cada uno de ellos. Posteriormente se creó un Tribunal de Primera Instancia para aliviar la sobrecarga de trabajo de este tribunal.

2. **La ley española es una norma jurídica** de carácter general y obligatorio, emanada del poder legislativo y elaborada con arreglo al procedimiento establecido. La **Constitución**, como ley de leyes, es la norma de mayor rango y sobre ella se asientan las demás disposiciones que nunca deben vulnerarla. El **Estatuto de Autonomía** es la norma institucional básica en cada Comunidad Autónoma. Los estatutos son parte integrante del ordenamiento jurídico del Estado, superiores al resto de leyes orgánicas (son leyes estatales de carácter orgánico pero con un procedimiento peculiar de elaboración, tramitación y reforma).

Son **leyes orgánicas**, de acuerdo con el art. 81 de la CE, «las relativas al desarrollo de los derechos fundamentales y de las libertades públicas, las que aprueben los Estatutos de Autonomía y el régimen electoral general y las demás previstas en la Constitución». Las que se refieren a otras materias son **leyes ordinarias**. Así pues, las leyes orgánicas se distinguen de las ordinarias en función de las materias que regulan y de los procedimientos de aprobación y derogación.

Los **decretos-leyes** son disposiciones, provisionales hasta su aprobación por el Congreso de los diputados, dictadas con fuerza de ley por el Ejecutivo y cuya justificación reside en una situación de urgencia. Son normas emanadas del Gobierno que deben ser ratificadas por las Cortes. Los **decretos legislativos** son normas con fuerza de ley dictadas por el Ejecutivo por delegación del Legislativo, es decir, el Parlamento ha debido autorizar previamente al Gobierno para que pueda dictar este tipo de normas, también llamadas **leyes delegadas**.

3. **El Reglamento** es una disposición normativa general dictada por la Administración Pública con rango inferior a la ley. Se trata, pues, de un acto administrativo general pero *normativo*, es decir, contiene normas jurídicas. Los **Decretos** son reglamentos generales de ejecución y deben ser aprobados en Consejo de ministros (en el ámbito estatal) o en Consejos de Gobierno en las Comunidades Autónomas (en el ámbito autónomo).

Tradicionalmente, las normas sustantivas se han organizado en códigos (Código Civil, Código Penal...) y las normas procesales en

«Ley de Enjuiciamiento Civil» y «Ley de Enjuiciamiento Criminal». Se puede afirmar que ésta era la forma decimonónica de organización de los textos normativos. Las ramas más modernas del derecho, como, por ejemplo, el derecho social, presentan una organización documental mucho más compleja, ya que la normativa es dispersa, aparece a muchos niveles y se completa con normas de rango ínfimo.

En cuanto a la forma, las leyes se nombran con un número, año de promulgación, día y mes: Ley 10/1970, de 4 de julio. Todas se ajustan a una macroestructura similar: hay un preámbulo con una exposición de motivos; el articulado, consistente en una serie de títulos divididos en artículos que pueden estar agrupados en capítulos; disposiciones adicionales, transitorias, derogatorias; disposición final que indica la fecha de entrada en vigor de la ley; fórmula de conclusión y firmas.

Ley española

- Título premilimar
- Exposición de motivos
- Articulado (títulos que pueden estar subdivididos en artículos y agrupados por capítulos)
- Disposiciones adicionales, transitorias, derogatorias
- Disposición final (se indica la fecha de entrada en vigor)
- Fórmula de conclusión y firmas

EJEMPLO 5.1.   *Estructura formal de las leyes españolas.*

La fórmula introductoria de la Constitución española es muy similar a las de las leyes ordinarias:

CE	*Don Juan Carlos rey de España, a todos los que la presente vieren y entendieren, sabed: que las cortes han aprobado y el pueblo español ratificado la siguiente constitución:*
LEY ORDINARIA	*Juan Carlos, rey de España, a todos los que la presente vieren y entendieren, sabed: que las cortes han aprobado y yo vengo en sancionar la siguiente Ley:*

EJEMPLO 5.2.   *Fórmulas introductorias de la Constitución y de las leyes ordinarias españolas.*

En el decreto-ley aparece en primer lugar una exposición de motivos y a continuación la fórmula «*DISPONGO:*...». En las normas de menor rango, la estructura es mucho más simple y en las órdenes ministeriales, por ejemplo, no hay fórmula de introducción ni de conclusión. La fórmula de conclusión que aparece antes de las firmas también se ajusta a una redacción estereotipada. Veamos cómo concluyen las leyes ordinarias:

LEY ORDINARIA	*POR TANTO, MANDO A TODOS LOS ESPAÑOLES PARTICULARES Y AUTORIDADES QUE GUARDEN Y HAGAN GUARDAR ESTA LEY*

EJEMPLO 5.3.   *Fórmula de conclusión de las leyes ordinarias españolas.*

2.2.   TEXTOS NORMATIVOS BRITÁNICOS

Textos normativos británicos	
Géneros principales: Acts o Statutes, Bills, Statutory Instruments (Rules Orders, Regulations), Codes of Practice (Quasi Legislation)	
Emisor	*Parliament, Public Institutions*
Receptor	Todos los ciudadanos británicos
Modo	Escrito para ser leído. La ley escrita se denomina *Statutory Law* por oposición a la ley basada en la jurisprudencia, *Case Law*
Tono	Muy formal
Foco contextual dominante	Instructivo (articulado)
Foco contextual secundario	Argumentativo (preámbulo o exposición de motivos)
Finalidad	Regular las relaciones humanas dentro de un sistema de derecho

La legislación, en forma de leyes codificadas, es la segunda fuente del derecho inglés. Aunque se trata de un sistema de derecho consuetudinario, basado en la jurisprudencia, existe también una parte importante de legislación escrita. El Parlamento, como depositario de la soberanía nacional, es la única institución con plena capacidad legislativa para aprobar leyes *(Acts)* y al derecho nacido de él se le llama *(Statutory Law)*.

Además de las *Acts*, la *Statutory legislation* está formada también por *Orders*, *Regulations* y *Rules*. Cuando un Proyecto de Ley *(Bill)*, es aprobado *(passed)* por el Parlamento y la Cámara de los Lores, es promulgado *(enacted)* y ha recibido la sanción real *(Royal Assent)*, se convierte en Ley *(Act)* automáticamente.

En el pasado, las disposiciones legislativas recibían distintas denominaciones, *charters*, *ordinances*, etc., pero hoy sólo se las conoce por el nombre de *Acts* o *Statutes*. En Estados Unidos se denominan *Acts of Congress* y en el Reino Unido, *Acts of Parliament*. En las antiguas colonias inglesas aún se conservan las formas más arcaicas de denominación, y en Hong Kong, por ejemplo, utilizan el término *Ordinance* para referirse a las leyes.

Las leyes *(Acts)* británicas tienen una macroestructura característica y una estructura discursiva muy interesante que ha sido estudiada por numerosos autores. A continuación reproduzco la parte inicial de una ley inglesa:

Congenital Disabilities (Civil Liability) Act 1976 **1976 CHAPTER 28**	SHORT TITLE OFFICIAL CITATION
An Act to make provision as to civil liability in the case of children born disabled in consequence of some person's fault, and to extend the Nuclear Installations Act 1965, so that children so born in consequence of a breach of duty under that Act may claim compensation.	LONG TITLE
[22nd July 1976]	DATE OF ROYAL ASSENT
BE IT ENACTED by the Queen's most Excellent Majesty, by and with the advice and consent of the Lords Spiritual and Temporal, and Commons, in this present Parliament assembled, and by the authority of the same, as follows:—	ENACTING FORMULA
1.—(1) If a child is born disabled as the result of such an occurrence before its birth as is mentioned in subsection (2) below, and a person (other than child's own mother) is under this section answerable to the child in respect of the occurrence, the child's disabilities are to be regarded as damage resulting from the wrongful act of that person and actionable accordingly at the suit of the child.	SECTION
- (2) An occurrence to which this section applies is one which—	SUBSECTION
(a) affected either parent of the child in his or her ability to have a normal. healthy child; or	

EJEMPLO 5.4. *Estructura formal de las leyes británicas.*

El género legislativo del derecho angloamericano es claramente identificable por su estructura textual y sus características léxicas. Las leyes modernas siguen un esquema fijo que, tal como se observa en el modelo anterior, consta de información preliminar, fórmula de promulgación, cuerpo de la ley (dividido en *sections, subsections* y *paragraphs*), y *schedules* o apéndices.

Cada vez es más habitual incluir un apartado de definiciones estableciendo claramente el sentido que van a tener los términos utilizados en la ley. Estas definiciones pueden aparecer en el cuerpo de la ley o formando un apéndice *(schedule)*. Cuando el cuerpo del instrumento legislativo es muy extenso, puede dividirse en varias partes: definiciones, sección sustantiva y sección de procedimiento.

Alcaraz (1994) describe los distintos tipos de leyes inglesas y las distintas macroestructuras que éstas pueden presentar:

> Las partes o divisiones de los distintos instrumentos jurídicos... no reciben siempre el mismo nombre; las leyes *(acts)* constan de partes o capítulos *(parts)*, secciones *(articles)*, artículos *(sections)*, subartículos *(subsections)* y párrafos o apartados *(paragraphs)*; en cambio, antes de ser leyes, cuando son proyectos de ley *(bills)* están formados respectivamente por *clauses, sub-clauses* y *paragraphs*. Y el Derecho adjetivo está constituido por las Normas Procesales del Tribunal Supremo *(The Rules of the Supreme Court)* o Libro Blanco *(The White Book)*, y las Normas Procesales de los Tribunales de Condado *(The County Court Rules)* o Libro verde *(The Green Book)*. Las normas *(rules)*, a su vez, se agrupan en varias grandes secciones *(orders)*. Las subdivisiones numeradas de cada *rule* o norma procesal se llaman respectivamente *paragraphs* y *subparagraphs* (Alcaraz, 1994, 13).

La fórmula de promulgación *(enacting formula)* es similar en el Reino Unido, EE.UU. y Australia, con las variaciones lógicas de las referencias a los cuerpos legislativos. Esta fórmula ha sido presentada por diversos filósofos y lingüistas[3] como uno de los mejores ejemplos de acto de habla performativo explícito *(explicit performative speech act)*. El uso del subjuntivo sirve para delimitar el tipo de relación que va a establecer el texto con el receptor. Se expresa como una orden hablada, de carácter perpetuo dirigida por el poder soberano a sus súbditos.

> It has the indirect illocutionary force of certifying that the correct participants and conditions accompany the saying of the spech act, at the same time as its explicit form is a command that the contents of the statute become law. Now the enacting formula may be no more than a relic, but it provides the frame of power, distance and status which endows legislative texts with their formal, imperious quality (Gibbons, 1994).

3.   Austin (1962); Kurzon (1986); Maley (1987); Danet y Bogoch (1994).

Como ya he dicho, las leyes deben tener una interpretación ine-quívoca, cierta y flexible. Pero este requisito de exactitud y precisión también hace que sea el género más ampuloso y afectado. Weihofen (1980) da un ejemplo muy convincente de cómo un mismo significa-do puede comunicarse de forma simple o tan extremadamente com-pleja como para rozar el ridículo. En primer lugar reproduce un frag-mento de una ley de Nueva York:

A child heretofore or hereafter born of parents who prior or subsequent to the birth of such child shall have entered into civil or religious marriage, or shall have consummated a Common law marriage where such marriage is recognised as valid, in the manner authorised by the law of the place where such marriage takes place, is the legitimate child of both natural parents notwithstanding that such marriage is void or voidable or has been or shall hereafter be annulled or judicially declared void

(New York Domestic Relations Law, 24, subd. 1, citado en Weihofen, 1980).

EJEMPLO 5.5.   *Fragmento de una ley del estado de Nueva York.*

A continuación muestra cómo otros estados, como, por ejemplo, Ohio, han sido capaces de decir lo mismo de una forma mucho más clara y concisa:

When a man has a child by a woman and before or after the birth intermarries with her, the child is legitimate. The issue of parents whose marriage is mull in law are nevertheless legitimate (Ohio Domestic Relations Law, citado en Weihofen, 1980).

EJEMPLO 5.6.   *Fragmento de una ley del estado de Ohio.*

La redacción legislativa se caracteriza por su impersonalidad. Su fuerza ilocucionaria es independiente de quién sea el emisor o el re-ceptor del mensaje, lo que hace que el discurso legislativo aparezca, en cierto modo, descontextualizado. Este tipo de discurso difiere signifi-cativamente de otros discursos legales no sólo en términos de situación discursiva, sino también en la forma de creación. En otras variedades escritas, el autor crea y redacta el mensaje. En este caso, el redactor de leyes *(parliamentary draftsman)* es únicamente el agente que se ocupa de dar forma lingüística a lo que se ha decidido en el Parlamento.

El redactor de leyes se debate entre dos polos: por un lado debe reflejar fiel y exhaustivamente la voluntad del Parlamento, y por otro tiene que producir un mensaje que resulte comprensible al lector lego. Reconciliar estos dos objetivos no siempre es fácil.

> ... there is always the problem that at the end of the day there is a system of courts and judges who interpret what the draftsman has done. It is very difficult to box the judge firmly into a corner from which he cannot escape... given enough time and given enough length and complexity you can end up with precision but in practice there comes a point when you cannot go on cramming detail after detail into a bin...you have got to rely on the courts getting the message and deducing from what you have said or it may be often from what you have not said, what implications they are to draw in such and such case (citado en Bhatia 1982).

En los sistemas de derecho angloamericano existen tres tipos de reglas legislativas: de acción, de aplicación y de definición.

a) **Reglas de acción** *(Action Rules)*: que sólo son aplicables a un conjunto determinado de casos y cuya función principal es imponer deberes y obligaciones, conceder derechos, prohibir acciones, asignar poder a ciertos miembros o entidades de una comunidad o indicar las penas y castigos que conllevan ciertas acciones.

When any person in the presence of a police officer is accused of committing a non seizable offence and refuses on the demand of a police officer to give his name or residence or gives the name or residence which the offficer has reason to believe to be false, he may be arrested by that police officer in order that his name or residence may be ascertained (Criminal Procedure Code, Republic of Singapore).

EJEMPLO 5.7.   *Fragmento de una ley de Singapur.*

b) **Reglas de aplicación** *(Stipulation Rules)*, que definen el ámbito de aplicación de una determinada regla o norma o de una sección o subsección de la misma.

Sections 35 to 46 of this Act do not apply a tenancy at any time when the interest of the landlord belongs to a housing association which is a registered society (Section 49(3) of the Housing Act 1980 UK; citado en Gunnarsson, 1984).

EJEMPLO 5.8.   *Fragmento de una ley británica.*

c) **Reglas de definición** *(Definition Rules)*, que son aplicables a la totalidad de la ley y proporcionan indicaciones para interpretar la terminología empleada.

In this Chapter 'landlord authority' means-

  (a) a local authority;
  (b) ... a housing association which falls within section 15(3) of the 1977 Act

(Section 42(1) of the Housing Act 1980).

EJEMPLO 5.9. *Fragmento de una ley británica.*

En cuanto a la recopilación de las leyes, al final de cada año, todas las *Acts* promulgadas se publican en un volumen que se denomina *Public General Acts and Measures of 19...* Las leyes promulgadas y que todavía siguen vigentes están recogidas en una colección oficial de instrumentos legislativos denominada *Statutes in Force* en la que se van introduciendo las enmiendas, se van retirando las leyes que han sido derogadas, etc.

No podría acabar este apartado sin referirme a la *Delegated Legislation*, que engloba todos los *Statutary Instruments:* las normas, reglas, órdenes, etc., que han sido elaboradas por otros órganos competentes a los que el Parlamento ha conferido capacidad para ello. El secretario de Estado británico para el Transporte, por ejemplo, tiene competencias para exigir el cumplimiento de las normas sobre control de la velocidad, sobre aparcamiento, etc.

3. Textos judiciales

En la categoría de textos judiciales se incluirían todos aquellos que regulan las relaciones entre particulares o administración y los órganos judiciales: autos, exhortos, citaciones, sentencias, etc. Aunque también se los podría incluir en la categoría de textos de aplicación de la ley (frente a doctrinales y normativos), la situación discursiva es distinta, ya que en los textos judiciales una de las partes del acto de comunicación siempre es el poder judicial, mientras que en los textos de aplicación ambas partes pueden ser particulares.

Predomina el foco instructivo, pues una sentencia puede cumplir otras funciones pero, en último extremo, para lo que sirve es para obligar a hacer o dejar de hacer algo. Sucede lo mismo con la mayoría de los documentos que dirige la Administración de justicia a los ciudadanos para impulsar los procesos judiciales (una citación, por ejemplo, obliga al ciudadano a presentarse ante el juez), siendo el foco secundario el expositivo, sobre todo en los documentos en los que se informa sobre la evolución del procedimiento.

El foco instructivo también predomina cuando la comunicación va en la dirección contraria, en aquellos casos en que los ciudadanos se dirigen a la Administración de justicia. Al presentar una demanda, el demandante está instando al poder judicial a que tome una serie de medidas contra el demandado. Cuando pide un aplazamiento, solicita que se admita un documento como prueba o presenta un recurso, también está exhortando la realización de una acción.

En este trabajo me referiré de forma sucinta a los documentos generados en los procesos civiles y penales, ya que el derecho procesal es una disciplina extremadamente compleja y extensa (lo que hace que un tratamiento exhaustivo de toda la documentación que genera resulte inabordable en un trabajo de esta naturaleza).

La jurisdicción civil se encarga de la declaración de derechos y la resolución de litigios nacidos de relaciones jurídicas privadas, reguladas por las leyes civiles o mercantiles. Un proceso civil es el conjunto de actuaciones en las que participan los particulares interesados en el caso, los órganos judiciales competentes y, en su caso, el Ministerio Fiscal. La jurisdicción civil puede ser de dos tipos: voluntaria (cuando decide sobre cuestiones o derechos que afectan sólo a quien lo solicita, sin oposición por parte de otros) y contenciosa (cuando lo que debe resolverse es un litigio, un enfrentamiento entre dos partes con intereses contrapuestos)

La jurisdicción penal se encarga de decidir sobre la comisión de delitos y faltas e imponer las penas correspondientes a los responsables. Corresponde a los juzgados de instrucción y a las salas de lo penal de los tribunales.

3.1. Textos judiciales españoles (véase cuadro de la página 99)

En España el poder judicial es uno de los poderes básicos del Estado y se ocupa de tutelar los derechos de los ciudadanos y el respeto a las leyes. Desde la promulgación de la Constitución de 1978 la justicia se configura como poder judicial y pasa a ser gobernada por un órgano constitucional independiente, el Consejo General del Poder Judicial, cuyas competencias se extienden a todo el territorio nacional. Las competencias del Consejo General del Poder Judicial se especifican en la Ley Orgánica del Consejo General del Poder Judicial.

Textos judiciales españoles	
Géneros principales: Denuncia, demanda, querella, alegación, réplica, contrarréplica, solicitud de ampliación de plazos, petición, providencia, auto, sentencia, oficio, exposición, exhorto, suplicatorio, mandamiento, cédula de notificación	
Emisor	Administración de justicia / Ciudadanos
Receptor	Ciudadanos / Administración de justicia
Modo	Escrito para ser leído
Tono	Muy formal
Foco contextual dominante	Instructivo. Sirven para instar la incoación de procesos, el seguimiento de los mismos u ordenar el cumplimiento de una sentencia
Foco contextual secundario	Argumentativo (fundamentos de derecho...) Expositivo (exposición de motivos...)
Finalidad	Se utilizan en las comunicaciones entre la Administración de Justicia y los ciudadanos

Para ejercer la potestad jurisdiccional existen unos órganos específicos: los jueces y los tribunales, que desarrollan la función de aplicar las leyes juzgando y haciendo ejecutar lo juzgado. Esta actividad se denomina jurisdicción o administración de justicia. La jurisdicción se puede dividir atendiendo a la naturaleza de los asuntos que resuelve en: constitucional, penal, laboral, militar, administrativa y civil.

Puesto que los documentos que incluiré en este apartado son consecuencia directa de los actos procesales, los he organizado atendiendo a los participantes en el proceso judicial y a las distintas fases del mismo.[4]

Como paso previo al proceso civil se puede llevar a cabo un acto de conciliación presentando un escrito ante el juzgado de Paz o de Primera Instancia. El juez cita posteriormente mediante cédula de citación a las partes e intenta llegar a un acuerdo que sea aceptado por ambos. Finalmente, se redacta un acta de conciliación que deben firmar las partes. Si no es posible llegar a un acuerdo de este tipo, se inicia el proceso judicial.

La primera división que podemos establecer es la de documentos de las partes de un proceso y documentos generados por los jueces y magistrados (véase cuadro 5.5).

3.1.1. Documentos de las partes

Dentro de este apartado cabe distinguir entre los documentos que sirven para iniciar un proceso (denuncia, demanda y querella) y los documentos que sirven para impulsar el procedimiento.

4. Véase Flors (1993).

CUADRO 5.5.   *Esquema de clasificación de los textos judiciales españoles*

Documentos de las partes	Documentos que sirven para iniciar un proceso	Demanda Denuncia Querella
	Documentos de impulso	Alegaciones Réplicas Reconvenciones Solicitud ampliación plazo
Documentos de jueces y magistrados	Documentos con contenido jurisdiccional	Providencias Autos Sentencias
	Documentos que sirven para impulsar el proceso	Oficios Exposiciones Exhortos Suplicatorios Cartas-órdenes Mandamientos Notificación Citación Emplazamiento Requerimiento
	Documentos sin contenido jurisdiccional	

3.1.1.1.   *Documentos que sirven para iniciar un proceso*

— *La demanda*

En el ámbito del derecho civil, la demanda es el acto procesal inicial del actor que introduce el objeto del proceso. Aparece definida en el artículo 524 de la Ley de Enjuiciamiento Civil (LEC): «El juicio ordinario principiará por demanda, en la cual, expuestos sucintamente y numerados los hechos y los fundamentos de derecho, se fijará con claridad y precisión lo que se pida y la persona contra quien se proponga la demanda. También se expresará la clase de acción que se ejercite cuando por ella haya de determinarse la competencia.»

Toda demanda debe incluir los siguientes datos, que constituyen, en definitiva, la macroestructura de este género (véase cuadro 5.6).

— *La denuncia*

El acto procesal penal puede iniciarse con una denuncia o una querella. La denuncia viene definida en los artículos 259 a 269 de la

CUADRO 5.6. *Estructura formal de la demanda*

- *Datos personales* del demandante
- *Tipo de acción* que se ejercita: juicio ejecutivo o declarativo, o especial y de qué clase (verbal, desahucio, abintestado, etc.)
- Los *hechos* en que se basa la demanda de forma breve, pero sin omitir ningún detalle ni circunstancia que sean significativos respecto a lo que se solicita
- Los *fundamentos de derecho*, es decir, las normas legales aplicadas al caso.
- La *formulación de la petición* que dirige el demandante al juez

---

Ley de Enjuiciamiento Criminal, que establece que «El que presenciare la perpetración de cualquier delito público está obligado a ponerlo inmediatamente en conocimiento del Juez...». Las denuncias pueden hacerse por escrito o de palabra, personalmente o por medio de mandatario con poder especial. «La que se hiciere por escrito deberá estar firmada por el denunciador; y si no pudiere hacerlo, por otra persona o a su ruego.»

Los requisitos formales son, como puede apreciarse, mínimos y, por tanto, hacen imposible presentar un esquema de denuncia, ya que en cada caso particular el denunciante y el que recoge la denuncia adoptan el esquema que más se ajusta a sus preferencias y a las características del hecho denunciado.

— *La querella*

La querella se regula en los artículos 270 a 281: «Todos los ciudadanos españoles, hayan sido o no ofendidos por el delito, pueden querellarse, ejercitando la acción popular establecida en el artículo 101 de esta Ley.» El artículo 101 señala que la acción penal es pública y que pueden ejercerla todos los ciudadanos españoles con arreglo a las prescripciones de la Ley.

El contenido de la querella queda establecido en el artículo 277, que establece, además, que la querella se presentará siempre por medio de procurador con poder bastante y suscrita por letrado. La macroestructura de la querella viene definida por la ley y debe constar de los datos que citamos en el cuadro 5.7.

3.1.1.2. *Documentos de impulso*

Los documentos de impulso pueden ser de índole muy variada, ya que dependen del *iter* que siga cada proceso y de las múltiples vicisitudes que pueden aparecer a lo largo del mismo. Son escritos interlocutorios en los que, mediante trámite de audiencia, las partes pueden presentar alegaciones, réplicas, reconvenciones, solicitudes de ampliación de plazos, etc.

CUADRO 5.7.   *Estructura formal de la querella*

- El *juez* o el *tribunal* ante quien se presente
- El *nombre*, apellidos y vecindad del *querellante*
- El *nombre*, apellidos y vecindad del *querellado*
- La relación circunstanciada del *hecho*, como expresión del lugar, año, mes, día y hora en que se ejecute, si se supieren
- Expresión de las *diligencias que se deberán practicar* para la comprobación del hecho
- La *petición* de que se admita la querella, se practiquen las diligencias indicadas, se proceda a la detención y prisión del presunto culpable o a exigirle la fianza de libertad provisional, y se acuerde el embargo de sus bienes en la cantidad necesaria en los casos en que así proceda
- La *firma* del querellante o la de otra persona a su ruego cuando el procurador no tuviere poder especial para formular la querella

---

Como respuesta a la interposición de una demanda, el demandado puede presentar una contestación en la que establece sus fundamentos de hecho y de derecho, o bien una reconvención, es decir, una contrademanda. A estos escritos se pueden sumar los de réplica por parte del demandante y de dúplica del demandado, donde, además, se hacen constar las pruebas que cada una de las partes desea que se practiquen.

Las peticiones constituyen los actos procesales de las partes por excelencia, y todo el desarrollo del proceso se sigue a través de peticiones concretas de las partes. Las peticiones pueden dividirse en peticiones de fondo, por las que se pretende la resolución de la cuestión litigiosa en un determinado sentido (habiéndose de incluir entre ellas las impugnaciones) y peticiones procesales o interlocutorias, referidas al desarrollo del proceso y por las que se insta una resolución de contenido procesal.[5]

3.1.2.   *Documentos de jueces y magistrados*

De los múltiples documentos que se generan en los órganos judiciales se puede hacer una primera clasificación atendiendo a su contenido jurisdiccional. Así pues, como ya vimos en el cuadro 5.5, los clasificaríamos en:

- documentos con contenido jurisdiccional;
- documentos que sirven para impulsar el proceso, y
- otros documentos sin contenido jurisdiccional.

3.1.2.1.   *Documentos con contenido jurisdiccional*

Entre los documentos con contenido jurisdiccional distinguiremos entre las providencias (documentos que sirven para impulsar el

---

5.   Véase Moreno *et al.* (1991).

proceso) y los autos y sentencias (que contienen una decisión judicial sobre el proceso). A lo largo de todo el proceso, el juez puede pronunciarse con anterioridad a la sentencia dictando providencias sobre cuestiones de tramitación, y autos sobre cuestiones de fondo e incidentales del procedimiento.

— *Providencias*

Las providencias son las resoluciones judiciales por las que se lleva a cabo la ordenación material del proceso (art. 245.1. a de la LOPJ), o se revisan las diligencias de ordenación dictadas por los secretarios judiciales (art. 291 de la LOPJ). La macroestructura de las providencias se limitará a la determinación de lo mandado y del juez o tribunal que los disponga sin más fundamento ni adiciones que la fecha en que se acuerden, la firma o rúbrica del juez o presidente y la firma del secretario. No obstante, podrán ser sucintamente motivadas sin sujeción a requisito alguno cuando se estime conveniente.

— *Autos*

Se denominan autos las resoluciones judiciales cuando decidan recursos contra providencias, cuestiones incidentales, presupuestos procesales, nulidad del procedimiento o cuando, a tenor de las leyes de enjuiciamiento, deban revestir esta forma (art. 245.1.b de la LOPJ).

En cuanto a su macroestructura, al igual que las sentencias, los autos serán siempre fundados; contendrán en párrafos separados y numerados los hechos y los razonamientos jurídicos y, por último, la parte dispositiva. Serán firmados por el juez o magistrados que los dicten (art. 248.2 de la LOPJ).

— *Sentencias*

Las resoluciones judiciales se denominan sentencias cuando deciden definitivamente el pleito o causa en cualquier instancia o recurso, o cuando, según las leyes procesales, deben revestir esta forma (art. 245.1.c de la LOPJ). La redacción de la sentencia la realiza el juez o el ponente, y se formulan siguiendo esta estructura formal (cuadro 5.8).

Como ya vimos anteriormente (cuadro 4.1), las sentencias son un ejemplo claro de textos multifuncionales en los que predomina la función instructiva debido a su naturaleza vinculante, aunque a veces el fallo pueda ocupar sólo unas pocas líneas.

3.1.2.2. *Documentos que sirven para impulsar el proceso*

Dentro del apartado de documentos para impulsar el proceso (comunicados oficiales de la Administración de justicia) distinguimos los

CUADRO 5.8.   *Estructura formal de una sentencia española*

Sentencias españolas
1. *Preámbulo* o encabezamiento 2. *Antecedentes de hecho* en párrafos separados y numerados (historia del proceso que ha seguido el caso) 3. *Hechos probados* (relato de los hechos) 4. *Fundamentos de derecho* (argumentación jurídica) 5. Fallo

siguientes documentos: oficios, exposiciones, exhortos, suplicatorios, cartas-orden o mandamientos, cédulas de notificación y de citación y requerimientos.

La redacción de las comunicaciones oficiales dentro del procedimiento judicial debe obedecer a criterios de eficacia comunicativa. La comunicación debe producirse de manera clara y precisa, evitando el riesgo de ambigüedades y respetando la legislación existente sobre el contenido de los documentos. La sintaxis deberá ser lineal y se suele utilizar un tono impersonal propio de una relación estrictamente oficial.[6]

— *Oficios y exposiciones*
    Los oficios se utilizan para dirigirse a miembros de otras administraciones, con la particularidad de que se denominan exposiciones los escritos dirigidos por el juez o tribunal a las autoridades superiores que no pertenezcan al orden judicial ni a la jurisdicción voluntaria, y en los que se solicita su cooperación. Son ejemplos de este tipo de documentos las solicitudes de traslado de cadáveres, la solicitud de publicación de un anuncio en el *Boletín Oficial de la Provincia*, etc.

— *Exhortos*
    El exhorto queda definido en el artículo 287 de la Ley de Enjuiciamiento Civil, como el único documento por el que un órgano jurisdiccional puede solicitar colaboración o ayuda de otro órgano jurisdiccional. En el exhorto deben constar los datos del órgano que solicita la colaboración, los del órgano al que se solicita, las actuaciones que se exhortan y el plazo en que se deben llevar a cabo.

— *Suplicatorios; cartas-órdenes y mandamientos*
    Sin embargo, en el enjuiciamiento penal sólo se aplica el término exhorto, cuando la diligencia judicial solicitada debe ser ejecutada

6. Véase Flors (1993).

por un órgano del mismo grado que el que la solicita. Cuando se dirige a un órgano superior, se utiliza el término suplicatorio; y cuando se dirige a un órgano de grado inferior o a otras instancias tales como los registradores de la propiedad, notarios o funcionarios de la policía judicial, se denomina mandamiento o carta-orden.

— *Notificación*

La Ley de Enjuiciamiento Civil (art. 262) prevé que se haga mediante la lectura y libramiento de una copia de la provisión correspondiente a la persona notificada, y que se haga constar lo anterior en una diligencia. En caso de que se conozca el domicilio de la persona a quien se debe hacer la notificación y no se la encontrara, se extenderá una cédula de notificación (art. 267) que deberá indicar: «La expresión de la naturaleza y el objeto del pleito o negocio, y los nombres y apellidos de los litigantes; copia literal de la provisión o resolución que haya de notificarse; el nombre de la persona a quien va dirigida la notificación, con indicación del motivo por el que se hace en este forma; hora en que ha sido buscada y no encontrada en su domicilio, la fecha y firma del notificante.»

En el enjuiciamiento criminal, el contenido de la cédula de notificación, que se redacta en cumplimiento de lo previsto en los artículos 166 y ss., hecha por el secretario (art. 167) será el siguiente: «Objeto de la causa mencionada y los nombres y apellidos de las partes; la copia literal de la resolución que haya de notificarse; el nombre y apellidos de la persona o personas a quien se deba hacer la notificación; la fecha de expedición de la cédula; la firma del secretario.»

CUADRO 5.9.   *Estructura formal de la cédula de notificación*

Cédula de notificación
1. *Objeto* de la causa mencionada
2. *Nombres* y apellidos de las *partes*
3. *Copia literal de la resolución* que haya de notificarse
4. *Nombre* y apellidos de la *persona a la que se deba realizar la notificación*
5. *Fecha* de expedición de la cédula
6. *Firma* del secretario o del notificante

— *Requerimiento*

El requerimiento es un tipo de notificación que se utiliza para instar a las partes litigantes, o a un tercero, a realizar o abstenerse de realizar una cosa. Se le puede conminar, por ejemplo, a efectuar un pago (art. 1442 Ley de Enjuiciamiento Civil) o a exhibir documentos (art. 603 de esta misma ley). Se rige por lo dispuesto en el artículo 270 de la Ley de Enjuiciamiento Civil para la notificación a la persona requerida de la provisión correspondiente.

— *Citación*

La citación es una notificación cuya finalidad es señalar lugar, día y hora para que el destinatario comparezca ante el tribunal al objeto que se le señale.

3.1.2.3. *Documentos sin contenido jurisdiccional*

La primera distinción que cabe hacer en el conjunto de documentos sin contenido jurisdiccional dirigidos por la Administración de justicia a otros órganos de la administración y a particulares es la siguiente: **escritos estrictamente oficiales y cartas**. Los primeros son documentos impersonales que utilizan un tono formal y en ellos se trata sólo un tema. Las cartas son documentos que contienen un mensaje de cortesía, no están vinculados necesariamente con un proceso judicial y pueden tratar de diversos temas.

3.2.   TEXTOS JUDICIALES BRITÁNICOS

Textos judiciales británicos	
Géneros principales: *Claim Form, Writ of summons, Originating Motion, Acknowledgement of Service, Statement of Case, Claim, Pleading, Judgement, Appeal, Order, Warrant...*	
Emisor	Administración de justicia / Ciudadanos
Receptor	Ciudadanos / Administración de justicia
Modo	Escrito para ser leído
Tono	Muy formal
Foco contextual dominante	Instructivo (sirven para instar la incoación de procesos, el seguimiento de los mismos u ordenar el cumplimiento de una sentencia)
Foco contextual Secundario	Argumentos (fundamentos de derecho de las sentencias...) Expositivo (exposición de motivos de las sentencias...)
Finalidad	Se utilizan en las comunicaciones entre la Administración de Justicia y los ciudadanos

La descripción de esta parcela documental es una tarea que requiere un profundo conocimiento del sistema legal inglés y del funcionamiento de sus tribunales. El contenido de este apartado se basa, fundamentalmente, en el libro de Alcaraz, *El inglés jurídico* (1994, reedición 2000) y en la obra *Queen's Bench Forms* (1986), de Jacob, formulario judicial inglés que recoge las normas de redacción de los distintos documentos tipo que pueden presentarse ante este tribunal.

Como en apartados anteriores, ilustro mis observaciones con modelos de los distintos documentos de la práctica judicial inglesa.

Hay que señalar que esta relación de documentos judiciales no pretende ser exhaustiva; las múltiples incidencias que se pueden dar a lo largo de un proceso judicial hacen imposible recoger en un trabajo de esta naturaleza todos los documentos que se pueden generar alrededor del mismo. Es fácil determinar cuáles son los documentos que sirven para poner en marcha el proceso (demandas / *claim form* - antes: *writs of summons, originating motion*), o penal (querellas y denuncias - *information*) y los que ponen fin al mismo (sentencias / *judgements*). Sin embargo, en el ínterin puede que queden muchos documentos sin tratar.

CUADRO 5.10. *Esquema de clasificación de los textos judiciales ingleses*

Documentos de las partes	Documentos que sirven para iniciar un proceso civil	Claim form (antes: Writ of summons Originating motion)
	Documentos que sirven para	Información
	Documentos de impulso	Claim form Admission of the claim Defence of the claim Statement of case antes pleadings) Motions Bills Requests Petitions Adknow. of service
Documentos de jueces y magistrados	Documentos con contenido jurisdiccional	Judgment Injunction Order for comittal
	Documentos que sirven para impulsar el proceso	Summons Subpoena Rogatory Letters Petitions Requests Noticies Services

3.2.1. Documentos de las partes

Los escritos que dirigen las partes a la Administración de Justicia son peticiones *(petitions)* de diversa naturaleza. En primer lugar, veremos las que tienen como objetivo iniciar un proceso civil o penal y, a continuación, las que sirven para impulsar el proceso.

3.2.1.1. Documentos que sirven para iniciar un proceso civil

El 29 de abril de 1999 entraron en vigor las nuevas normas de procedimiento civil, *The Civil Procedure Rules 1998*. El objetivo de esta nueva ley es conseguir una mayor eficacia en la administración de justicia y facilitar el acceso a la misma a todos los ciudadanos. Para el traductor jurídico, los cambios introducidos son relevantes, pues entre otras cosas, se ha modificado sustancialmente la terminología procesal, en un intento de simplificar el lenguaje jurídico, de acuerdo con los postulados de *The Plain English Compaing*.

Términos tan característicos del registro legal como *plaintiff* o *writ of summons* han sido sustituidos por *claimant* y *claim form*, mucho más próximos y comprensibles para el ciudadano. Desaparecen palabras de origen latino como *ex parte, inter partes* y *in camera*, que son sustituidos por *with notice, without notice* y *in private*. A partir de ahora el tribunal dará su *permission*, en lugar de su *leave* y la críptica *Anton Piller ordre* se convertirá en una simple *search order*.

— *Claim form*

A partir de la entrada en vigor de la nueva ley, los procesos civiles se pueden iniciar con la presentación de un impreso de demanda, *claim form*. Una vez presentada la demanda, las partes disponen de un período de tiempo para contestar a la misma.

El impreso de demanda debe ir acompañado de otro documento denominado *Particulars of claim*, en el que el demandante manifestará el objeto y naturaleza de su reclamación. Con este documento se debe adjuntar una declaración jurada, *statement of truth*, que garantice la veracidad de lo alegado y un *response pack* para que el demandado pueda responder. Este *Response Pack* consta de tres impresos: *Acknowledgement of Service, Admission of the Claim* y *Defense of the Claim*.

— *Writ of summons*

Aunque este documento ha cambiado con la nueva ley, he considerado conveniente describirlo, ya que como traductores, aún encontraremos muchos textos de este tipo en nuestra práctica profesional. Los procesos civiles se iniciaban con la presentación de un emplazamiento: *writ of summons* u *originating motion* dependiendo del tipo de proceso de que se tratara, tal como veremos en la definición de estos instrumentos. Una vez dictado el emplazamiento, las partes disponían de un período de tiempo para presentar sus alegaciones, *pleadings* (ahora *Statements of claim*).

En el *writ of summons* el demandante *(plaintiff)* presenta una reclamación contra el demandado *(defendant)* con relación a ilícitos civiles extracontractuales *(tort)*, excepto el denominado *trespass to land*: alegaciones de fraude, incumplimiento de patente, etc.

> La apertura *(commencement)* del proceso judicial la insta *(seek)* el demandante, solicitando que el juez dicte el emplazamiento *(the writ of summons)* contra el demandado. Este emplazamiento es un documento oficial, que con la firma del demandante o de su representante procesal *(solicitor)*, hace el Lord Canciller *(under the authority of the Lord Chancellor)*, instando la apertura de un proceso civil o demanda civil *(civil action)* ante los tribunales. Se trata de un impreso que consta de varias copias que han de ser debidamente diligenciadas con los timbres y sellos oficiales *(sealed and stamped)* y con el número de entrada que se le da en Libro de Registro Oficial de Demandas *(Cause Book)*, en donde se anotan los datos pertinentes... (Alcaraz, 1994, 59).

El *writ of summons* es un documento oficial que debe seguir una forma legalmente establecida. El modelo oficial de *writ*, debe incluir los datos que citamos en el cuadro 5.11.

— *Originating summons*

Otra forma de iniciar un proceso civil, antes de la nueva ley era mediante la expedición *(issue)* de otro tipo de emplazamiento, denominado *originating summons*, que servía para iniciar procesos que giraban en torno a cuestiones de derecho. La elección de este procedimiento no era discrecional, sino que viene establecida en el ordenamiento procesal.

CUADRO 5.11. *Estructura formal del* writ of summons

Cara anterior	*Cara posterior*
1. Resumen de la reclamación que se presenta	1. Anuncio de la demanda en forma escueta pero precisa manifestando el objeto y naturaleza de la misma
2. Indicación, en términos imperativos, de que el demandante debe satisfacer la reclamación o remitir al juzgado el acuse de recibo del emplazamiento *(acknowledgement of service)* indicando si va a continuar la acción iniciada	2. Pretensiones del demandante *(claims)*, es decir, el remedio, solución o reparación *(remedy)* que pide, el auxilio, ayuda o satisfacción *(relief)* que solicita o el desagravio *(redress)* que exige
	3. Exposición de hechos
	4. Fundamentos de derecho *(legal grounds)*

No obstante, cuando se prevé que la cuestión girará en torno a cuestiones de derecho, por ejemplo, los procesos *(cases)* incoados ante *The Chancery Division, The Family Division* y, a veces, ante el propio *The Queen's Bench Division,* solicitando *(seeking)* sólo la interpretación judicial de un testamento o documento *(court construction of a will or a document),* contrato, ley, etc., estando claras las cuestiones de hecho, el mecanismo empleado es la citación para la incoación de un proceso *(originating summons).* En esta citación, el demandante hace constar el punto o los puntos de derecho de los que pide aclaración y expone el fundamento de la reclamación *(cause of action),* es decir, el motivo o causa de la demanda que presenta y la acción o remedio *(remedy)* que solicita (Alcaraz, 1994, 61).

Este tipo de emplazamiento no iba acompañado de acuse de recibo, pero la forma de notificación era similar a la de los *writ of summons.* Si no se indicaba lo contrario, sólo era necesario respetar un plazo de dos días entre la entrega de este emplazamiento y la celebración del juicio oral.

La forma del *originating motion* venía establecida por la ley *(Ord. 8, r. 3 (1) y Appendix A, Form No. 13).* Su estructura formal es muy similar al del *originating summons* y también debía incluir una exposición concisa de la reclamación o de la acción legal que se pretendía.

3.2.1.2. *Documentos que sirven para iniciar un proceso penal*

· Las tres formas más usuales de iniciar un proceso penal son: a instancias de la policía tras la detención *(arrest)* y práctica de diligencias policiales *(police enquiry),* por la denuncia de un particular *(laying an information before a magistrate)* o de oficio por la Fiscalía. Por tanto, en el caso de que sea un particular el que inste el inicio del proceso mediante una denuncia, normalmente se tratará de una declaración oral que será recogida por escrito para formar parte del proceso, pero sin que exista una forma preestablecida que podamos estudiar como modelo.

3.2.1.3. *Documentos de impulso*

Los documentos que elevan las partes a los órganos judiciales pueden ser de naturaleza diversa dependiendo de las circunstancias individuales de cada proceso. En general, se llaman *motions* (peticiones), *petitions* o *bills* (escrito de petición, instancia de súplica).

Como respuesta a un emplazamiento *(writ of summons* u *originating motion)* las partes pueden presentar un *acknowledgment of service* (acuse de recibo de una demanda) o bien presentar *alegaciones, Statements of Claim* (antes *pleadings),* que pueden ser escritos de diversa naturaleza. En su *Diccionario de términos jurídicos* (1993), Alcaraz define los diversos tipos de alegaciones: *pleadings plea* (contestación a la demanda), *pleadings rebutter* (respuesta a la tríplica), *pleadings rejoinder* (contrarréplica), etc. Su forma genérica queda establecida en Ord. 18, r.7, en donde se indica que todo *pleading* debe contener:

CUADRO 5.12. *Estructura formal de los* pleadings

Pleadings
1. Año en que fue emitido el emplazamiento que dio lugar a la acción en cuestión y la letra número de la misma
2. Denominación de la acción
3. El tribunal que entiende del proceso y el nombre del juez
4. Resumen de los hechos en los que basa su reclamación o defensa sin incluir las pruebas que servirán de evidencia para demostrarlo y debe ser lo más breve y conciso posible
5. Fecha de notificación

3.2.2. *Documentos de jueces y magistrados*

— *Judgements (sentencias)*

Las sentencias son un elemento de gran relevancia en el sistema de derecho anglogermánico, ya que todas crean jurisprudencia. En el derecho inglés, los jueces deben respetar las decisiones que anteriormente han tomado otros jueces en casos similares, siguiendo la doctrina del *stare decisis* (estar a lo dicho).

Representan un ejemplo interesante de textos argumentativos, pues los jueces ingleses basan sus decisiones en su interpretación de sentencias anteriores y en su visión personal de lo que significa el derecho y su estilo de redacción ha sido ampliamente estudiado.

Las sentencias inglesas utilizan un tono muy personal (frente a la impersonalidad de las sentencias españolas); la comparación entre el estilo de las sentencias españolas y las inglesas podría constituir un interesante trabajo de textología comparada. Entre los géneros legales constituyen un ejemplo único de textos que llevan el sello personal de su redactor.

Los textos legales se caracterizan por la ausencia de un autor definido, lo que les confiere una mayor autoridad. Sin embargo, en las sentencias británicas la figura del juez domina totalmente el acto comunicativo, ya que impone su personal interpretación de la ley. Mayo (1984) propone diferenciar entre dos tipos de lenguaje legal que reflejan dos tipos de filosofía jurídica:

a)   Un lenguaje más personalizado e individualista (con un mayor grado de transitividad), que se produce en los entornos legales menos burocratizados, más próximos a la sociedad, y que es el que se observa también en las sentencias del sistema de derecho anglogermánico.

b)   Un lenguaje más abstracto, impersonal e intransitivo, que se utiliza en los ámbitos más burocratizados y en los documentos que se pretende que tengan una aplicación más universal, como sucede, por ejemplo, con las leyes.

Las sentencias son textos eminentemente argumentativos, ya que en ellos el juez, o los jueces, deben explicar el porqué de su decisión y sentencia. Esto no quiere decir que sea su única función pues, al igual que sucede en las sentencias, la función instructiva es importante.

En último término, el objetivo de una sentencia es ordenar el cumplimiento del fallo del tribunal que la emite. La principal diferencia entre las sentencias españolas y británicas reside, a mi juicio, en su estructura retórica. En las sentencias españolas los jueces se limitan, en muchas ocasiones, a indicar la legislación codificada que se debe aplicar. Sin embargo, los jueces ingleses hacen referencia a casos anteriores y plantean su interpretación personal del caso.

En las sentencias encontramos el estilo más personal de todos los textos legales. Los jueces expresan en ellas sus valores más profundos acerca de la justicia, y, al analizar un caso, utilizan con frecuencia expresiones que denotan su implicación personal en la sentencia: «*in my opinion, in my view, what I consider equitable...*». A continuación recojo un fragmento de una sentencia emitida por un tribunal británico, en el que se puede observar el tratamiento tan personal que los jueces dan a sus decisiones (véase ejemplo 5.10).

— *Documentos para la ejecución de las sentencias*
    Para conseguir la ejecución de una sentencia, la parte interesada puede instar al tribunal a que recurra a métodos distintos. Según Alcaraz (1994, 69), si se trata de un fallo no monetario, puede solicitar un interdicto, *injunction*, y si el demandado no lo cumpliera podría decretar un auto de encarcelamiento, *order for comittal*.
    Para casos de carácter monetario existen también las siguientes vías para la ejecución del fallo (indicando el tipo de documento que se utiliza en cada una de ellas):

> *a*)   Un auto ejecutivo o de ejecución de la sentencia, llamado *writ of a fi fa (fieri facias)*, si el juicio se celebró en el *High Court*, y *warrant of execution*, si tuvo lugar en un *County Court*...
> *b*)   Un auto de embargo *(A changing order)*. Por medio de él, el tri-

BLACKBURN J (reading the judgement of the Court)... The plaintiff though free from all blame on his part, must bear the loss, unless he can establish that it was the consequence of some default for which the defendants are responsible.

The question of law, therefore, arises: **What is the liability which the law casts upon a person who, like the defendants, lawfully brings on his land something which, though harmless while it remains there, will naturally do mischief if it escape out of his land?**It is agreed on all hands that he must take care to keep in that which he has brought on the land, and keep it there in order that it may not escape and damage his neighbour's, **but the question arises whether the duty which the law casts upon him under such circumstances is an absolute duty to** keep it in at his peril, or is, as the majority of the Court of Exchequer have thought, merely a duty to take all reasonable and prudent precautions in order to keep it in, but no **more. If the first be the law,** the person who has brought on his land and kept there something dangerous, and failed to keep it in, is responsible for all the natural consequences of its escape. **If the second be the limit of his duty, he would not** be answerable except on proof of negligence, and consequently would not be answerable for escape arising from any latent defect which ordinary prudence and skill could not detect...

We think that the true rule of law is_that the person who, for his own purposes, brings on his land, and collects and keeps there anything likely to do mischief if it escapes, must keep it in at his peril, and, if he does not do so, he is prima facie answerable for all the damage which is the natural consequence of its escape. He can excuse himself by showing that the escape was owing to the plaintiff's default, or, perhaps, that the escape was the consequence of vis major, or the act of God; but, as nothing of this sort exists here, it is unnecessary to inquire what excuse would be sufficient. The general rule, as above stated, **seems on principle just**. The person whose grass or corn is eaten down by the escaped cattle of his neighbour, or whose mine is flooded by the water from his neighbour's reservoir, or whose cellar is invaded by the filth of his neighbour's privy, or whose habitation is made unhealthy by the fumes and noisome vapours of his neighbour's alkali works, is damnified without any fault of his own; **and it seems but reasonable and just** that the neighbour who has brought something on his own property which was not naturally there, harmless to others so long as it is confined to his own property, but which he knows will be mischievous if it gets on his neighbour's, should be obliged to make good the damage which ensues if he does not succeed in confining it to his own property. But for his act in bringing it there no mischief could have accrued, **and it seems but just that he should_**at his peril keep it there, so that no mischief may accrue, or answer for the natural and anticipated consequences.

LORD CAIRNS LC: ... **The principles on which this case must be determined appear to me to be extremely simple**. The defendants, treating them as the owners or occupiers of the close on which the reservoir was constructed, **might lawfully have used** the close for any purpose for **which it might, in the ordinary course of**...

EJEMPLO 5.10. *Fragmento de una sentencia británica.*

bunal ordena que los bienes del demandado sean vendidos en
pública subasta...

c) Un auto de subrogación en los créditos *(the garnishee order)*...
d) El embargo del sueldo *(attachment of earnings)*.
e) Ejecución mediante recurso de equidad *(equitable execution)*
(Alcaraz, 1994).

4. Jurisprudencia

La jurisprudencia es una de las principales fuentes del derecho tanto en el sistema anglogermánico como en los sistemas de derecho civil. Está formada por el conjunto de las sentencias dictadas por los tribunales y la doctrina que contienen. El foco contextual dominante es el instructivo, por su carácter vinculante sobre sentencias posteriores, pero al estar formada por sentencias, el foco secundario será el argumentativo y expositivo, tal como ya hemos visto.

En este apartado observaremos importantes diferencias documentales entre el derecho español y el británico debido a que en los sistemas de derecho anglogermánico la principal fuente del derecho es la jurisprudencia *(Case Law)*, mientras que en los sistemas de derecho civil la principal fuente del derecho es la ley codificada.

4.1. JURISPRUDENCIA ESPAÑOLA (véase el cuadro siguiente)

En el derecho español la jurisprudencia está formada por las resoluciones judiciales de los tribunales que son vinculantes (sólo lo son

Jurisprudencia española	
Géneros principales: *Sentencias del Tribunal Supremo y Tribunal Constitucional*	
Emisor	Órganos superiores de justicia: (Tribunal Supremo y Tribunal Constitucional)
Receptor	Todos los ciudadanos españoles
Modo	Escrito para ser leído. Se organizan en repertorios de jurisprudencia que se publican en editoriales privados o en el BOE
Tono	Muy formal
Foco contextual dominante	Instructivo
Foco contextual secundario	Argumentativo/expositivo
Finalidad	Como fuentes de derecho, este tipo de sentencias es vinculante para los jueces en casos posteriores

las de Tribunal Supremo y las del Tribunal Constitucional). La jurisprudencia tiene carácter de fuente de derecho según el artículo 1.6 del Código Civil. En la jurisdicción ordinaria se dice que hay jurisprudencia cuando al menos dos casos se han resuelto del mismo modo, lo que se considera un precedente judicial vinculante.

Los textos en que se recoge la jurisprudencia son las decisiones de los tribunales que he citado y se organizan y publican a través de colecciones o repertorios de jurisprudencia. El Consejo General del Poder Judicial publica su colección y existen otras elaboradas por editoriales privadas (la de Aranzadi, por ejemplo, es muy conocida). Las resoluciones del Tribunal Constitucional se publican en el BOE. Las sentencias españolas responden a una estructura formal que ya vimos en el cuadro 4.1.

4.2. JURISPRUDENCIA BRITÁNICA: LAW REPORTS Y PERIODICALS

Jurisprudencia británica	
Géneros principales: Judgements (legal precedents)	
Emisor	Órganos de justicia
Receptor	Todos los ciudadanos británicos
Modo	Escrito para ser leído. Se organizan en *Law Reports* y *Periodicals*
Tono	Muy formal
Foco contextual dominante	Instructivo
Foco contextual secundario	Argumentativo/expositivo
Finalidad	Este tipo de sentencias es vinculante

La consulta de las decisiones judiciales previas sobre un tema determinado *(judicial precedents)* es una actividad habitual de los abogados (para sustentar la defensa o la acusación de sus clientes) y de los jueces ingleses (para ser coherentes con la jurisprudencia). No en vano la jurisprudencia es una de las fuentes del derecho más importantes en los sistemas de derecho anglogermánico, aunque no la única. En palabras de Alcaraz (1994): «Se puede afirmar que son tres las fuentes del derecho inglés: el *common law*, la equidad *(equity)* y el derecho legislado *(statute law)* y de las tres deriva el derecho jurisprudencial *(case law)*, cuyo autor es la judicatura a través de los precedentes creados en las sentencias.»

El desarrollo del derecho consuetudinario depende en gran medida del sistema de «catalogación» de los precedentes jurídicos. Los *Law*

Reports ingleses recogen la decisión judicial, los hechos y los principios legales sobre los que está basada la decisión. Las sentencias se recogen en publicaciones periódicas entre las cuales las más conocidas son: *All England Law Reports*, *Weekly Reports* y *Law Reports*.

Los primeros *Law Reports* de los que se tiene constancia datan del reinado de Eduardo I y se conocen como *Year Books*. Estos repertorios pueden consultarse en las ediciones facsímiles publicadas por *Professional Books*. Los *Year Books* fueron sustituidos por repertorios elaborados por editores particulares, los *Nominate Reports*, que deben su nombre al hecho de que se les conocía por el nombre del autor o compilador.

En 1865, el *Incorporated Council of Law Reporting* comenzó a publicar los repertorios denominados *Law Reports*. Se trata de repertorios semioficiales que tuvieron una rápida aceptación entre los juristas y que han seguido publicándose hasta la actualidad, siendo hoy la obra preferida de los profesionales a la hora de referirse *(quote)* a un precedente ante un tribunal.

En la actualidad, el único repertorio de jurisprudencia general que se edita de forma privada es el *All England Law Reports* (véase cuadro 5.13). También existen diversas publicaciones especializadas

CUADRO 5.13.   Portadas de *All England Law Reports* y *The Weekly Law Reports*

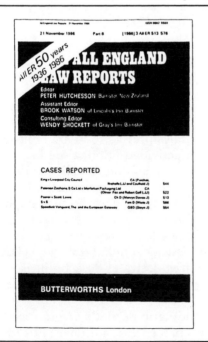

que se comercializan privadamente como los *Criminal Law Reports* y los *Road Traffic Reports*. Todas estas publicaciones se citan siempre utilizando su abreviatura.

Para referirse a los casos seleccionados en los repertorios, se utiliza un sistema de citación que se puede ilustrar con el siguiente ejemplo: *Holgate-Mohammed v. Duke (1984) 2 WLR 660*.

En primer lugar aparecen los nombres de las partes implicadas en el caso separadas por la «v», que significa *versus*. A continuación, el año en que fue publicado y el volumen, es decir, el segundo volumen de 1984. Y por último, la abreviatura del repertorio *(Weekly Law Report)* y la página donde aparece. Los *Law Reports* tienen una estructura textual fija (véase cuadro 5.14).

CUADRO 5.14. *Estructura formal de los* Law Reports

1. *Nombres de las partes*. En los casos civiles el nombre del demandante *(plaintiff)* aparece en primer lugar. Los casos penales suelen citarse como *R. v. Smith* (en donde «R» es la abreviatura de *Rex* o *Regina*, rey o reina en latín), ya que normalmente es el Estado el que realiza la acusación. La «v» del latín *versus* se lee como *against* en los casos penales o *and* en los casos civiles, pero nunca como *versus*
2. El *nombre del tribunal* donde se vio el caso y el nombre de los jueces *(M.R.: Master of the Rolls; L.JJ.: Lord Justices)* y la fecha. *Lord Justice...* es la forma de referirse a «Juez...» o «Magistrado...».
3. Un *resumen* en cursiva de los *aspectos legales* más importantes del caso
4. Un *titular* que resume el caso y la naturaleza de la demanda o la denuncia
5. La *decisión del tribunal* con un resumen de las razones de la misma
6. En ciertos repertorios se hace una *referencia cruzada a obras de legislación*
7. *Lista de los casos* a los que se refirieron durante el juicio
8. Indicación de que se trata de un recurso provisional
9. *Nombres de los abogados* de las partes. En este caso uno de los abogados *(counsels)* es un *Q.C. (Queen's Counsel)*, un abogado de gran prestigio
10. La *decisión judicial* de Lord Denning, *Master of the Rolls*, la máxima autoridad del cuerpo judicial en Inglaterra

Como queda patente en los ejemplos, en la redacción e interpretación de los *Law Reports* se utilizan numerosas abreviaturas que pueden resultar desconocidas para el traductor. Existen diversas obras que pueden resultar de gran ayuda: *Index to Legal Citations and Abbreviations; Sweet & Maxwell's Guide to Law Reports and Statutes; The Digest* (vol. 1 y el *Cumulative Supplement*); *Halsbury's Laws of* England (4.ª ed., vol. 1, pp. 23-48; *Osborn's Concise Law Dictionary; Manual of legal citations*, University of London Institute of Advanced Legal Studies).

Otra importante fuente de referencia para consultar las decisiones judiciales previas *(judicial precedents)* son los artículos *(articles, essays)* que aparecen en las publicaciones periódicas especializadas *(periodicals, journals, magazines)*. En algunos casos se trata de artículos informativos que los juristas consultan para mantenerse al día sobre la evolución de la legislación. También incluyen trabajos y artículos de opinión y análisis.

5. Obras de referencia

Obras de referencia	
Géneros principales	Diccionarios monolingües
	Diccionarios bilingües
	Diccionarios enciclopédicos
	Enciclopedias
	Formularios
	Repertorios profesionales
	Libros de casos / Case books
	Recopilaciones de leyes
Emisor	Juristas
Receptor	Juristas o futuros juristas
Modo	Escrito para ser leído
Tono	Formal
Foco contextual dominante	Expositivo
Finalidad	Proporcionan información de carácter práctico e instrumental a los profesionales del derecho

En este apartado he incluido todas aquellas obras a las que recurren los juristas (y también los no juristas) para consultar dudas concretas sobre aspectos particulares del derecho, como por ejemplo el sentido de un término de especialidad (diccionarios y enciclopedias), la dirección de un profesional de esta disciplina (directorios), las fórmulas de redacción de los instrumentos legales (formularios)...

5.1. DICCIONARIOS, ENCICLOPEDIAS Y REPERTORIOS LEGALES

Los juristas utilizan un lenguaje muy especializado, mezcla de latín, francés e inglés, que está recogido en los diccionarios jurídicos. Estas obras contienen información sobre términos legales, instituciones, doctrina y temas generales de derecho. Su foco contextual dominante es el expositivo y en la bibliografía he incluido una lista de los diccionarios de derecho monolingües en español y en inglés y bilingües español-inglés.[7]

Para la traducción jurídica es recomendable utilizar, en primer lugar, los diccionarios especializados monolingües, ya que la complejidad del registro jurídico puede inducir a cometer errores graves si se trabaja con bilingües. Los diccionarios especializados tienen la ventaja de que incluyen sintagmas léxicos,[8] frases hechas, etc., que facilitan enormemente la labor del traductor. El problema que presentan es que hay que disponer de varios, pues no suelen ser exhaustivos debido al gran número de combinaciones sintagmáticas que tienen las lenguas de especialidad. Por otra parte, normalmente son iniciativa de autores individuales, que recopilan sus glosarios personales y no tienen la fuerza de las grandes obras editoriales.

Además, cuando se trata de diccionarios muy especializados que corresponden a subparcelas del campo temático del derecho, resultan difíciles de conseguir. Hay magníficos diccionarios de términos de banca editados por bancos (que en ocasiones los regalan a sus clientes), de términos de seguros editados por compañías aseguradoras, de términos de transporte marítimo que han sido publicados por asociaciones profesionales, por citar sólo unos cuantos ejemplos. No hay que olvidar tampoco los magníficos glosarios que se encuentran al final de algunos libros.

Cuando son materias clásicas, o nociones generales, vale la pena consultar los diccionarios y enciclopedias. Sin embargo, si se trata de cuestiones de naturaleza muy reciente (nuevas modalidades de contratación laboral, por ejemplo), sobre todo en el ámbito financiero, será imprescindible recurrir a obras no lexicográficas, monografías recientes para buscar las equivalencias que probablemente aún no han sido recogidas en los diccionarios (véase ejemplo 5.11).

Los diccionarios jurídicos más populares entre los profesionales ingleses son, entre otros, los siguientes: *Concise Law Dictionary*, 7.ª ed., P. G. Osborn; *Law Dictionary*, 9.ª ed., Mozley and Whiteley; *Dictionary of English Law*, 2.ª ed., W. A. Jowitt; *Oxford Companion to Law*, D. M. Walker. También existen diccionarios de máximas latinas, como *A Selection of Legal Maxims*, 10.ª ed., H. Broom, o de historia del Derecho como Manual of Law French, J. H. Baker.

Los directorios son listados de direcciones de los profesionales del derecho, de los órganos judiciales, de las instituciones, etc.: *Solicitor's and Barristers Directory and Diary Waterlow*; *Butterworths Law*

---

7. Véase «Bibliografía»: Obras de referencia para el traductor jurídico.
8. Véase, por ejemplo, Ledesma (1980). En este *Léxico de comercio internacional* la mayoría de las entradas son sintagmas léxicos: «descuento por cantidad», «desinversión neta», «embarque parcial».

HABEAS CORPUS (ha'-be-us kor'-pus)—*Lat.: you have the body. The writ of habeas corpus, known as the GREAT WRIT, has varied use in criminal and civil contexts. It is a procedure for obtaining a judicial determination of the legality of an individual's custody. Technically, it is used in the criminal law context to bring the petitioner before the court to inquire into the legality of his confinement. 488 F. 2d 218, 221.*

The writ of federal habeas corpus is used to test the constitutionality of a state criminal conviction. It pierces through the formalities of a state conviction to determine whether the conviction is consonant with due process of law. 261 U.S. 86. Issues not raised in the state proceeding generally cannot be raised in a federal habeas petition under the doctrine of exhaustion. 456 U.S. 107. The writ's usage has been limited by recent Supreme Court opinions. See, e.g. 455 U.S. 509. The writ is used in the civil context to challenge the validity of child custody, deportations, and civil commitment to mental institutions. See post conviction proceedings.

HABENDUM that clause of the deed which names the grantee and limits and defines the estate to be granted. Its function is to qualify the general language that appears in the granting clause, 213 N.W. 59, 60, 20 So. 877, 878; begins with the words «to have and to hold....»

EJEMPLO 5.11.   *Fragmento de un diccionario jurídico inglés-inglés (americano).*

Directory; *Hazell's Guide to the Judiciary and the Courts*; *Directory of British Associations*.

5.2.   FORMULARIOS

Los formularios son recopilaciones de documentos de los que se han eliminado los datos individuales para que sirvan de modelo en la redacción de otros del mismo tipo. En este sentido han contribuido a la fijación de las reglas formales a que deben ajustarse los documentos.

El uso de formularios en el ámbito administrativo se remonta a la época del Antiguo Egipto, y se cree que existían también en la Roma imperial aunque no se hayan conservado ejemplares de los mismos. A partir del siglo XII comenzaron a redactarse en Italia y se expandieron por toda Europa, dando lugar a una larga serie de *Ars dictandi*, manuales para los notarios y otros funcionarios públicos. En la Baja Edad Media los formularios hispánicos comenzaron a ser influidos gradualmente por el derecho romano, lo que provocó una profunda transformación en las estructuras documentales.

La tradición de los formularios notariales se ha conservado hasta la actualidad, así como cierta fijación de modelos para la correspondencia comercial y privada. Es notable el hecho de que en España subsistan una serie de fórmulas fosilizadas para la redacción de ciertos documentos oficiales, y que se hayan conservado aspectos tan anacrónicos como el uso obligado de ciertos tipos de papel:

> En los documentos que utilicen el papel como soporte, el formato será el A4 (210 × 297 mm) de la serie A de la norma UNE 1.011-75, de obligado cumplimiento según lo dispuesto en la Orden del Ministerio de Relaciones con las Cortes y de la Secretaría del Gobierno de 12 de agosto de 1986, (BOE n.º 198 de 14 de agosto de 1986) sobre normalización de formato de material impreso y papel destinado a operaciones administrativas (Ministerio para las Administraciones Públicas, 1994).

Aunque algunos documentos pueden redactarse con un estilo particular, la mayoría de los instrumentos legales tienen una estructura y redacción muy similares. Esto explica que los abogados, los jueces y secretarios judiciales trabajen con formularios de documentos tipo y que muchos de estos formularios se comercialicen actualmente en soporte informático. De hecho, tanto en España como en el Reino Unido, el formato de ciertos documentos legales está regulado en la legislación.

En la bibliografía se ofrece una amplia lista de formularios españoles de temas diversos que incluye también formularios en soporte informático y a los que se puede tener acceso en cualquier biblioteca especializada en derecho. También he recogido en este apartado los formularios más importantes del Reino Unido, que a continuación comentaré brevemente.

La *Encyclopaedia of Foms and Precedents* es una recopilación exhaustiva de documentos legales tipo en inglés y propone variantes cada tipo de documento. La magnitud de esta obra (50 volúmenes) sirve para confirmar mi anterior comentario sobre la ingente cantidad de textos existentes. Esta obra, que se podría calificar de enciclopedia de formularios, contiene modelos de documentos de muy variada procedencia: procesales, de derecho civil, instrumentos financieros... En España no existen obras comparables, pues se trabaja con formularios especializados por materias.

Además de esta enciclopedia, hay otras colecciones de *forms and precedents* organizadas por especialidades. Obras como *Queens Bench*

Forms and Precedents recogen innumerables modelos de documentos de carácter judicial. En Inglaterra existe también una editorial especializada en documentos estándar, *Oyez: Forms and precedents*, en la que tanto juristas como particulares pueden adquirir textos legales con una redacción normalizada para contratos de arrendamiento, escritos para presentar ante los tribunales, y escrituras de constitución de sociedades, entre muchos otros.

En el campo del derecho mercantil y de sociedades se comercializan paquetes informáticos que incluyen toda la documentación necesaria para constituir una sociedad o modelos de contratos mercantiles en soporte informático. Además de las obras citadas, las empresas grandes disponen de sus propios bancos de documentos-tipo que han sido redactados por sus gabinetes jurídicos contemplando sus necesidades y características particulares.

6. Textos doctrinales

Los textos doctrinales son los manuales de derecho, las obras de los estudiosos sobre filosofía, historia y explicación del derecho, las tesis y los artículos de las publicaciones especializadas, entre otros. El foco contextual dominante de los libros de texto es el expositivo aunque, por ser el derecho una disciplina que se basa en conceptos filosóficos y especulativos, en este caso podríamos afirmar que también es importante el foco argumentativo. Para el traductor es interesante saber que raras veces llegarán a su mesa de trabajo estos textos, pues normalmente se traducen en las cátedras de las universidades o son traducidos por juristas.

6.1. Textos doctrinales españoles (véase cuadro de la página 123)

Los manuales o libros de doctrina forman el grueso de las publicaciones legales en España. Existen en todas las disciplinas del derecho y se caracterizan por su enfoque expositivo o argumentativo cuando tratan cuestiones que se prestan a distintas interpretaciones (circunstancia muy habitual en derecho). Las referencias a casos o a precedentes jurídicos son habituales en las materias más sedimentadas, en aquellas que tienen más tradición.

En cada disciplina hay uno o varios manuales clásicos. En muchos casos se trata del manual por excelencia que va reeditándose y es la máxima autoridad en esa área de conocimiento. Constituyen la doctrina científica y en ocasiones se citan ante los tribunales, espe-

Textos doctrinales españoles	
Géneros principales: *Manuales, libros de texto, ensayos sobre la ciencia del dDerecho, tesis, artículos temáticos publicados en revistas especializadas*	
Emisor	Juristas
Receptor	Juristas o futuros juristas
Modo	Escrito para ser leído
Tono	Muy formal/formal
Foco contextual dominante	Argumentativo/expositivo
Foco contextual secundario	Expositivo/argumentativo
Finalidad	Transmitir nuevos conocimientos. Proporcionar un marco teórico y conceptual a la ciencia del derecho. Contribuir a la formación de los futuros profesionales

cialmente en materias en las que no hay jurisprudencia, aunque no tienen carácter vinculante.

En cuanto a la forma, los manuales comparten los rasgos de los libros de texto de otras disciplinas y presentan las estructuras textuales características de este género: presencia de títulos, subtítulos, gráficos y esquemas con caracteres tipográficos que potencian la comprensión del texto, división en capítulos, introducción, parte central expositiva y conclusión. En el plano gramatical utilizan un vocabulario preciso y riguroso que suele aparecer definido; predominan los sustantivos y las construcciones impersonales en tercera persona; los nexos y partículas de relación (causa, consecuencia, modo, etc.) son de gran relevancia para la cohesión del texto.

En España existen numerosas publicaciones periódicas que sirven para mantener al día a los juristas, ofrecen valoraciones críticas sobre temas de actualidad, etc. El foco contextual dominante de sus artículos es el expositivo o el argumentativo, dependiendo de la naturaleza de la publicación o incluso de la sección de la publicación. Una misma revista puede tener secciones de carácter puramente informativo junto con otras de opinión. La estructura formal del artículo legal responde a los esquemas tradicionales de los artículos especializados.[9]

En España las revistas profesionales se organizan por materias de especialización, tal como sucede con las publicaciones de Aranzadi por especialidades (Derecho Civil, Derecho Penal, Derecho Laboral...); CISS, la *Revista de Derecho Laboral*; las publicaciones especializadas del BOE, etc. Los Colegios de Abogados también publican re-

9. Swales (1981).

vistas para sus colegiados en los que se incluyen artículos de tono más informal.

6.2. TEXTOS DOCTRINALES BRITÁNICOS

Textos doctrinales británicos	
Géneros principales: Text book, Manual, Case book, Article	
Emisor	Juristas
Receptor	Juristas o futuros juristas
Modo	Escrito para ser leído
Tono	Muy formal/formal
Foco contextual dominante	Argumentativo/expositivo
Foco contextual secundario	Expositivo/argumentativo
Función	Transmitir nuevos conocimientos. Proporcionar un marco teórico y conceptual a la ciencia del derecho. Contribuir a la formación de los futuros profesionales

En Inglaterra, a diferencia de lo que sucede en España, los manuales o libros de doctrina no se citan jamás ante los tribunales y su importancia es relativa. Su configuración es distinta de la de los españoles porque están plagados de citas de casos anteriores. Existen los denominados *Case books* que recogen referencias de los casos en los que ha habido una decisión judicial sobre un determinado tema.

En este apartado habría que citar también la enciclopedia *Halbury's Laws of England*, que cubre todos los aspectos del derecho inglés. Esta enciclopedia se actualiza periódicamente y la edición actual (es la cuarta) consta de 52 volúmenes.

Otra obra de referencia que recomiendan los documentalistas es *The Oxford Companion to Law*, un compendio de derecho que aborda los sistemas jurídicos e instituciones, los conceptos legales, el pensamiento jurídico, los principios fundamentales del derecho así como documentos relevantes y referencias a casos. En resumidas cuentas, una especie de compendio de lo que es el derecho inglés que refiere al lector interesado en temas específicos a obras especializadas.

En el Reino Unido los artículos especializados *(articles)* pueden en aparecer en distintos tipos de publicaciones *(periodicals* o *journals)* que se dividen en tres categorías:

a) Publicaciones semanales como el *New Law Journal, Justice of the Peace, Solicitor's Journal* y *Law Society Gazette*, que tratan temas de actualidad, analizan los casos recientes, las leyes y las últimas tendencias legales.

b) Publicaciones académicas de menos periodicidad que contienen artículos extensos sobre temas diversos, comentarios sobre casos recientes, leyes, publicaciones del gobierno y reseñas bibliográficas. Ejemplos de este tipo de revistas especializadas son *Law Quarterly Review, Modern Law Review* y *Journal of Law and Society.*

c) Publicaciones especializadas sobre aspectos específicos del derecho, *Criminal Law Review, Industrial Law Journal, Legal Action* y *Family Law.*

7. Textos de aplicación del derecho (instrumentos legales)

Textos de aplicación del derecho
Géneros principales: *Documentos notariales; contratos de todo tipo* (agreements; underwrittings, deeds); *cartas legales* (legal letters); *dictámenes jurídicos* (opinions of law); *expedientes que los abogados preeparan para defender sus casos* (legal briefs); *poderes* (poweer of Attorney); *pólizas de seguro* (insurance policy); *testamentos* (wills)...

Emisor	Particulares / Administración
Receptor	Particulares / Administración
Modo	Escrito para ser leído
Tono	Muy formal/formal/coloquial
Foco contextual dominante	Instructivo
Foco contextual secundario	Expositivo
Función	Crear pactos legalmente vinculantes entre particulares

Este apartado es con mucho el más amplio y difícil de organizar; es, en cierto modo, el «cajón de sastre», pues incluye todos los documentos legales tanto públicos como privados que no entran en las categorías anteriores y que constituyen una ingente cantidad de géneros legales: la interminable lista de documentos notariales; los contratos de todo tipo *(agreements, underwritings, deeds)*; las cartas legales *(legal letters)*, los dictámenes jurídicos *(opinions of law)*; los expedientes que los abogados preparan para defender sus casos *(legal briefs)*; poderes *(power of Attorney)*; pólizas de seguro *(insurance policy)*, y testamentos *(wills)*, por citar sólo algunos.

A pesar de la diversidad de géneros que engloba este apartado, en todos ellos predomina el foco instructivo, ya que la decisión de establecer una relación jurídica implica la creación de un pacto vinculante, por el que las dos partes se obligan a cumplir unas obligaciones y a respetar unos derechos.

Otra razón que justifica su inclusión en una sola categoría es que todos comparten la misma situación discursiva. Todos ellos representan los pactos, acuerdos, compromisos, y comunicaciones oficiales entre particulares o entre particulares y la Administración.

Más de las tres cuartas partes de la práctica jurídica tratan de asuntos que no corresponden a los tribunales. El trabajo de los abogados consiste, en gran parte, en preparar instrumentos legales. Un instrumento legal es un documento formal escrito —escritura *(deed)*; contrato de compraventa *(bill of sale)*; contrato de arrendamiento *(lease agreement)*; contrato *(agreement, contract)*; testamento *(will)*; escritura de constitución *(Memorandum of Association)*— que expresa un acto jurídico o un acuerdo entre partes.

Las partes de un documento legal son las personas físicas o jurídicas que adquieren un derecho, contraen una obligación o ceden un derecho por medio de ese documento. Casi todos los documentos legales tienen dos o más partes, excepto los *assignments* (escrituras de cesión o transmisión de derechos o propiedades), los poderes notariales (que sólo son firmados por una parte) y los testamentos.

Es importante diferenciar entre los documentos legales y los documentos judiciales que vimos en el apartado 3 de este mismo capítulo. Los documentos judiciales *(court papers, pleadings)* tienen por objeto iniciar o defender una acción legal ante los tribunales. Los documentos legales, por el contrario, son instrumentos de las partes que los firman y constituyen una prueba de las intenciones y los compromisos adquiridos por las mismas. Los documentos legales no forman parte del proceso judicial, aunque a menudo se utilizan en estos procesos. Si una de las partes no cumple lo estipulado en el documento, la otra puede demandarla para obligar su cumplimiento. De hecho, en muchos procesos judiciales se utilizan documentos legales como prueba.

En cuanto al estilo de los instrumentos legales *(legal drafting)*, difiere considerablemente del utilizado en las sentencias judiciales o en las obras de doctrina, pues es el que conserva más manierismos legales con el objetivo (no siempre conseguido) de evitar la ambigüedad. La redacción de contratos y otros documentos de derecho privado (testamentos, poderes, etc.) goza de una larga tradición entre los profesionales de habla inglesa y ha influido de forma considerable en la redacción de instrumentos legales en todo el mundo.

Dada la ingente cantidad de géneros que abarca esta categoría, conviene plantear algunas subdivisiones. Una primera subclasificación sería la de documentos públicos y privados, que abordaré en el siguiente apartado, pero que sigue dando como resultado categorías demasiado amplias. Convendría, pues, proponer una subclasificación por materias (Derecho Civil, Derecho Administrativo, Derecho Procesal, Derecho Laboral) y definir los géneros más habituales para cada una de ellas. En un trabajo como éste resulta imposible entrar en esta subclasificación que propongo, y analizar los géneros que generarían las distintas categorías. El grupo de investigación en traducción jurídica de la Universidad Jaume I (Castellón) trabaja actualmente en la elaboración de un corpus de textos jurídicos multilingüe, organizado en torno al concepto de género, en el que se está desarrollando esta categoría de clasificación.

CUADRO 5.15. *Ejemplos de subdivisión de los textos de aplicación del derecho por materias*

Materia	*Géneros*
Derecho civil	• Convenio regulador de matrimonios • Contrato de régimen económico matrimonial • Contrato de hipoteca, de prenda, de préstamo... • Testamento • Escritura de constitución de sociedad...
Derecho administrativo	• Permiso de obras • Licencia de actividad • Instancia • Impreso de contribución urbana...

7.1. DOCUMENTO PÚBLICO FRENTE A DOCUMENTO PRIVADO

Es importante distinguir entre un documento público frente a un documento privado. El material de trabajo del traductor jurídico consiste en documentos. Un documento es un instrumento escrito que contiene la relación o constatación de un hecho o circunstancias relativas a hechos o personas. Documento privado es aquel en que sólo han tenido intervención los particulares interesados o con testigos, pero sin la presencia de un notario o de un funcionario competente. Documento público es aquel expedido, autorizado o intervenido por un funcionario público competente.

Los requisitos legales que debe cumplir cada documento dependen de su tipo y función. En algunos documentos es suficiente con la firma de las partes, otros deben ser firmados ante testigos, y otros ante un notario u otro funcionario público. Estos requisitos no son los mismos en los sistemas de Common Law que en la legislación española, tal como veremos en las siguientes secciones.

7.1.1. En España

En España se consideran documentos públicos los autorizados por un notario o empleado público competente, con las solemnidades requeridas por la ley (art. 1.216 Código Civil). Según el art. 596 de la Ley de Enjuiciamiento Civil, bajo la denominación de documentos públicos y solemnes se comprenden:

• Las escrituras públicas otorgadas con arreglo a derecho.
• Las certificaciones expedidas por agentes de Bolsa y corredores de comercio con referencia al libro registro de sus respectivas operaciones.
• Los documentos expedidos por los funcionarios públicos que estén autorizados para ello en lo que se refiera al ejercicio de sus funciones.
• Los libros de actas, estatutos, ordenanzas, registros, catastros y demás documentos que se hallen en los archivos públicos.
• Las ordenanzas, estatutos, reglamentos de sociedades, comunidades o asociaciones siempre que estuvieren aprobadas por la autoridad pública.
• Las partidas o certificaciones de nacimiento, de matrimonio y de defunción dadas con arreglo a los libros por los párrocos o por los que tengan a su cargo el Registro civil.
• Las ejecutorias y las actuaciones judiciales de toda especie.

7.1.2. En el Reino Unido

En los sistemas de derecho anglogermánico la división entre derecho público y privado no está institucionalizada. Existe en la práctica, aunque no en teoría. No obstante, también existen requisitos (firma ante testigos, ante notario, sellado, etc.) y fórmulas acuñadas para elevar a públicos los documentos privados.

En los sistemas de derecho de Common Law, «execution of an instrument» significa dar efecto y validez a un instrumento legal e incluye su firma (signing) y otorgamiento (delivery). El otorgamiento de instrumentos legales debe ser ejecutado con ciertos formalismos: sellado (sealing), firma ante testigos (witness o attestation), certificación (acknowledgment) o notarización (notarization). Estas fórmulas se tratan en más detalle a continuación.

La firma simple, la firma ante testigos y el otorgamiento notarial cumplen distintos fines. Todos estos procedimientos sirven para legalizar el documento, pero si se recurre a la firma ante notario, se establece un testigo imparcial de la firma y se autentifica ésta. Además, la certificación notarial puede incluir un juramento solemne.

En general, la «notarización» de un documento es un requisito obligatorio en todos aquellos documentos que deban utilizarse en el extranjero. Los documentos que supongan compraventa de bienes inmuebles también deben ir «notarizados», ya que deben ser registrados en el Registro de la Propiedad. Pero la «notarización» puede tener otros fines, como, por ejemplo, dar mayor solemnidad a un acuerdo entre dos partes que, en principio, no exige este formalismo.

Dependiendo del uso que se quiera dar al documento, se puede elegir entre diversas fórmulas de conclusión. Se conoce como *testimonium clause* a la frase con que termina el documento y que aparece inmediatamente antes de la firma. Consiste en una declaración de las partes de que firman el documento en prueba de conformidad con el mismo. No se debe confundir con la *witness clause* o la *attestation clause* que veremos más adelante. La *testimonium clause* hace referencia sólo a las partes, mientras que las otras dos citadas hacen referencia a las personas que firman como testigos, y no a las partes.

La *testimonium clause* indica:

1. Qué partes deben firmar el documento.
2. Qué cargo, si se trata de una persona jurídica, debe firmar.
3. Si el instrumento va a ser sellado.
4. Si el documento va a ser legalizado *(attested)*.

A continuación reproduzco diversas fórmulas de conclusión del tipo *testimonium clause*:

AS WITNESS the hands of the duly authorised representatives of the parties to this Agreement the day and year first before written.

EJEMPLO 5.12. *Fórmula de conclusión de los instrumentos legales británicos del tipo* testimonium clause.

La segunda cláusula (ejemplo 5.13) indica que el documento será firmado por el presidente de la sociedad, que habrá que sellarlo con el sello oficial de la misma y que deberá ser legalizado o compulsado por el secretario. En el siguiente ejemplo, por el contrario, se indica que el documento no va sellado.

> *IN WITNESS WHEREOF, The B. Corportation has caused its corporate seal to be hereto affixed, and attested by its secretary, and these presents to be signed by its president, this 24th day of November, 1994.*

EJEMPLO 5.13. *Fórmula de conclusión de los instrumentos legales británicos del tipo* testimonium clause.

> *IN TESTIMONY WHEREOF, the parties hereto have duly executed this agreement this 24th day of November, 1994.*

EJEMPLO 5.14. *Fórmula de conclusión de los instrumentos legales británicos.*

Las palabras iniciales de estas cláusulas, «*in witness whereof*», «*in testimony whereof*», etc., suelen aparecer en mayúsculas y seguidas por una coma. Tradicionalmente la frase «*As Witness...*» aparece al final de las cláusulas operativas y antes de los *Schedules* si es que los hay, pero si se omite esta fórmula el contrato sigue teniendo validez. En el caso de los *Deeds* suele utilizarse la expresión «*In Witness*».

La costumbre de sellar los documentos legales se remonta a los tiempos en los que sólo muy pocas personas sabían escribir su nombre. Los documentos escritos se lacraban y sobre el lacre se imprimía el sello del interesado con un anillo o cualquier otro tipo de sello. Históricamente, el sellado de documentos cumplía dos objetivos:

1.   Los documentos protocolizados permitían disponer de un plazo de tiempo mayor para utilizarlos como causa de proceso judicial.

2.   La falta de *consideration*, que es un elemento imprescindible en los contratos según la Common Law, quedaba suplida si el documento iba sellado. Es decir, en los documentos legalizados no era necesaria la existencia de contraprestación. Hoy en día, estas diferencias han desaparecido en muchas jurisdicciones.

Lo que sigue teniendo importancia actualmente es el sello societario *(The Corporation Seal).* Las sociedades norteamericanas e inglesas tienen un sello oficial. En el sello se indica el nombre de la sociedad y la fecha y el estado en donde fue constituida. Los estatutos sociales suelen disponer que todos los documentos firmados en nombre de la empresa deberán llevar el sello oficial. Cuando un cargo de la sociedad firma un documento, lo sella con el sello oficial. En muchos casos, el secretario de la sociedad debe certificar *(attest)* que el sello es realmente el sello oficial de la sociedad. La certificación del sello oficial no se debe confundir con la cláusula de legalización *attestation clause* que veremos en el siguiente apartado.

Los antiguos sellos individuales se han sustituido por la abreviatura L.S. *(locus sigilli,* lugar del sello) que aparece a veces al final de la línea reservada para la firma.

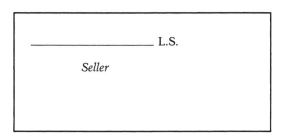

_____ L.S.

Seller

EJEMPLO 5.15. *Fórmula de introducción del sello.*

Ciertos documentos deben ser firmados ante testigos para ser legalmente vinculantes. En inglés, al acto de testificar la firma de un instrumento legal se le denomina *attestation.* La firma de los testigos suele ir precedida de un párrafo que expone las circunstancias en que se realiza la legalización, es la llamada *attestation clause.* Esta cláusula puede tener diversas redacciones: desde la más sencilla: «*In the presence of...*» hasta las farragosas cláusulas que aparecen en los testamentos y otros documentos similares, y de las que recojo dos ejemplos:

> The foregoing instrument, consisting of four typewritten pages, was signed and declared by the testator to be his last will in the presence of us, who, at his request, and in his presence and the presence of one another, have subscribed our names as witnesses.

EJEMPLO 5.16. *Fórmula de legalización y firma ante dos testigos.*

Los nombres y las firmas de los testigos aparecen en una columna junto a las partes firmantes del instrumento. Cuando las partes no firman al mismo tiempo, se organizan las firmas de forma que las de cada grupo de testigos aparezcan frente a la parte de la firma que testifican, tal como se puede observar en el ejemplo de la página siguiente:

IN WITNESS WHEREOF, we, the lessors and the lessee, have hereunto set our hands and seals to the foregoing lease, consisting of twenty-two pages, on this day of may 1994.
Signed, sealed, and delivered
by lessors in the presence of:

_____

_____ *L.S.*

                                   _____ *L.S.*
                                   Lessors

Signed, sealed, and delivered
by lessors in the presence of:

_____

_____ *L.S.*

                                   _____ *L.S.*
                                   Lessee

EJEMPLO 5.17.   *Fórmula de legalización y firma ante dos grupos de testigos.*

Como recapitulación de todo lo visto en este capítulo, el esquema del cuadro 5.16 (pp. 133-134) presenta una clasificación de géneros legales ingleses y españoles.

CUADRO 5.16. *Tipología de los textos jurídicos ingleses y españoles atendiendo al concepto de género y a la situación discursiva*

Categoría	Situación discursiva	Foco contextual	Géneros ingleses	Géneros españoles
Textos normativos	*Emisor:* Poder legislativo *Receptor:* Todos los ciudadanos *Tono:* Hiperformal/muy formal *Modo:* Escrito para ser leído *Finalidad:* Regular las relaciones humanas dentro de un sistema de derecho	*Dominante:* Instructivo	*Acts* *Statutes* *Bills* *Norms*	Constitución Estatutos de Autonomía Leyes orgánicas y ordinarias Decretos Reglamentos
Textos judiciales	*Emisor:* Adm. de Justicia/ciudadanos *Receptor:* Ciudadanos/Adm. de Justicia *Tono:* Muy formal/formal *Modo:* Escrito para ser leído *Finalidad:* Todo tipo de comunicación entre la Adm. de Justicia y los ciudadanos	*Dominante:* Instructivo *Secundario:* Argumentativo/expositivo	*Claim Form* *(Writs of summons)* *(Originating motions)* *Acknowledgement of Service* *(Statement of claim)* *(Pleadings)* *Judgements* *Appeals* *Writs* *Orders* *Injunctions* *Informations* *Warrants...*	Denuncia Demanda/querella Peticiones Providencias/autos Sentencias Solicitud de aclaración de Solicitud de aclaración de sentencias Oficios/exposiciones Exhortos/suplicatorios Cartas-orden/mandamientos/ /notificaciones/ /requerimientos
Jurisprudencia	*Emisor:* Órganos Superiores de Justicia *Receptor:* Ciudadanos *Tono:* Hiperformal/muy formal/formal *Modo:* Escrito para ser leído	*Dominante:* Instructivo *Secundario:* Argumentativo	*Legal judgements* recogidos en *Law Reports (All England*	Sentencias del Tribunal Supremo y el Tribunal Constitucional recogidas en repertorios y en el BOE

CUADRO 5.16. (Continuación)

Categoría	Situación discursiva	Foco contextual	Géneros ingleses	Géneros españoles
	Finalidad: Como fuente de derecho, vincular a los jueces en casos		*Law Reports, Criminal Law Reports, Weekly Law Reports...*)	
Obras de referencia	*Emisor:* Juristas *Receptor:* Juristas o futuros juristas *Tono:* Formal *Modo:* Escrito para ser leído *Finalidad:* Proporcionar información de carácter práctico e instrumental a los profesionales del derecho	*Dominante:* Expositivo	Diccionarios bilingües Diccionarios monolingües Diccionarios enciclopédicos Enciclopedias Diccionarios de máximas latinas Diccionarios especializados Formularios Directorios y repertorios profesionales	
Textos doctrinales	*Emisor:* Juristas *Receptor:* Juristas o futuros juristas *Tono:* Formal *Modo:* Escrito para ser leído *Finalidad:* Transmitir conocimientos sobre la ciencia del derecho y proporcionarle un marco teórico y conceptual al mismo	*Dominante:* Argumentativo *Secundario:* Expositivo	*Texbooks* *Manuals* *Casebooks* *Articles*	Manuales Libros de texto Ensayos Tesis Artículos
Textos de aplicación del derecho (públicos y privados)	*Emisor:* Ciudadanos/administración *Receptor:* Administración/ciudadanos *Tono:* Hiperformal/muy formal/formal *Modo:* Escrito para ser leído *Finalidad:* Regular las relaciones que tienen carácter legal entre los ciudadanos y la administración	*Dominante:* Instructivo *Secundario:* Varios	*Contracts* *Bill of sale* *Wills* *Legal letters* *Legal briefs* *Deeds* *Opinion of law...*	Contratos Testamentos Cartas legales Informes legales Escrituras Todo tipo de documentos notariales

CAPÍTULO 6

DEFINICIÓN DE LA TRADUCCIÓN JURÍDICA

Una fórmula habitual para comenzar a hablar sobre la traducción jurídica es referirse a la intraducibilidad de los textos legales aduciendo problemas de falta de equivalencia entre sistemas y figuras jurídicas.

El problema deriva de que, a diferencia de realidades como los elementos químicos o las reglas de la física, que coinciden más o menos universalmente en todas las comunidades según el nivel de conocimiento de la materia, los conceptos, la terminología y las mismas realidades jurídicas se corresponden sólo en parte de una sociedad a otra. Cuando decimos «en parte», nos referimos a que ciertos conceptos pueden coincidir plenamente (con o sin diferencias de terminología, por supuesto), algunos existen en una sociedad y no aparecen bajo ninguna forma en la otra, mientras que otros se corresponden, pero sólo hasta cierto punto, en las dos sociedades (Hickey, 1993).

Este mismo autor da varios ejemplos de los problemas a los que se enfrenta el traductor jurídico: en inglés no existe ningún término para expresar el concepto de «figura jurídica»; no existe tampoco diferencia alguna entre propiedad horizontal y propiedad vertical; términos que se podrían considerar equivalentes son ligeramente distintos como sucede en el caso de «hipoteca» y *mortgage* que tienen distintas implicaciones legales y financieras; existe un gran número de «falsos amigos» como *statute* —que no se debe traducir como «estatuto» sino como «ley»—, o *law* —que no debe traducirse como «ley» sino como «derecho».

Estas dificultades, consecuencia directa de la gran carga sociocultural que tiene este tipo de traducción especializada, han llevado a autores como Franzoni (1996) a calificarla de «operación interlingüística y operación entre sistemas jurídicos», pues resulta imposible traducir toda la carga semántica de los textos legales sin establecer comparaciones jurídicas entre los sistemas de derecho de las respectivas lenguas.

Se trata, pues, de un tipo de traducción marcada culturalmente por el campo del discurso, ya que la organización que cada sociedad hace de su ordenamiento jurídico es totalmente arbitraria y hunde sus raíces en la historia lejana de cada comunidad. Este hecho va a influir de forma decisiva en el método y las estrategias de traducción, en los requisitos de formación del traductor jurídico y en el tipo de documentación que va a necesitar.

En este trabajo he adoptado un punto de vista radicalmente opuesto a la idea de que la traducción jurídica es un ejercicio imposible y, partiendo de la premisa de que diariamente se traducen miles de documentos de carácter legal, he analizado la demanda de traducciones de carácter jurídico, la oferta de este tipo de traducción y el producto que se obtiene de esta tensión del mercado. También se describen los procedimientos a los que los traductores jurídicos recurrimos para solventar el problema de la falta de equivalencias jurídicas y en el tipo de formación que, a mi juicio, debe tener un traductor jurídico.

> Cinq critères principaux, formant une typologie non exhaustive, constituent le fondement épistémologique de la traduction juridique. Ce sont, dans l'ordre d'importance que nous leur reconnaissons, le caractère normatif (ou contraignant) du texte juridique, le discours (ou langage) du droit, la diversité sociopolitique des systèmes juridiques, tous éléments conditionnant le problème de la documentation juridique auquel il faut lier la nécessité d'une approche pluridisciplinaire du droit et, partant, de son enseignement (Gemar, 1979).

En este enunciado Gemar plantea los elementos cardinales de la traducción jurídica que me han servido de marco para organizar este libro. Los pilares sobre los que se basa la práctica de la traducción jurídica son a mi entender:

1. El **dominio del lenguaje de especialidad del derecho**, al que está dedicada la primera parte de este libro (caps. 1-4).

2. La **clasificación de los textos legales en géneros y subgéneros,** que es el tema de la segunda parte de esta obra, y en la que hemos visto las restricciones que los distintos géneros imponen sobre las soluciones de traducción, y la importancia de respetar las convenciones textuales de la lengua término (cap. 5).

3. El **dominio del campo temático** del derecho y de **sus técnicas de documentación**, que desarrollaré en los siguientes capítulos.

1. El objeto de la traducción jurídica

La traducción jurídica se ocupa principalmente de textos legales, textos relacionados con la disciplina del derecho; ahora bien, encontrar textos que se refieran exclusivamente a una categoría temática es difícil. Los textos jurídicos constituyen, quizá, uno de los ejemplos de textos con menos turbulencias y menos hibridación, es decir, se ajustan en gran medida a las expectativas que el lector pueda tener, y no sólo expectativas en cuanto al campo temático sino también en cuanto al contenido, al estilo, al léxico y a las convenciones textuales.

No obstante, un texto jurídico puede presentar solapamientos con otros tipos de textos, tal como sucede, por ejemplo, en los contratos de compraventa de maquinaria industrial, que contienen extensas especificaciones técnicas que no corresponden al campo temático del derecho. También es importante subrayar la fuerte imbricación que se observa en los textos legales entre conceptos puramente jurídicos y conceptos mercantiles o comerciales y administrativos. Hasta el punto de que la distinción tradicional entre traducción jurídica, traducción administrativa y traducción comercial resulta a menudo conflictiva.

Otro tema muy distinto es el de los documentos que, sin pertenecer en absoluto al campo temático del derecho, tienen implicaciones legales importantes. Pensemos, por ejemplo, en una carta personal que forma parte del expediente de un proceso legal o en un informe médico que se va a utilizar como prueba en un juicio. El contenido en sí de estos documentos no es de carácter jurídico, pero puede tener consecuencias legales de gran trascendencia.

Muchas veces se habla de traducción jurídica al referirse a estos textos, pero en realidad la traducción de este tipo de documentos no entra dentro del concepto de traducción jurídica, sino en el de traducción jurada. Los traductores jurados se ocupan de traducir textos de cualquier campo temático actuando como fedatarios públicos que certifican la veracidad y fidelidad de la traducción. Lo que sucede en la práctica es que los traductores jurados traducen un gran volumen de textos de carácter jurídico, por su relación profesional con los abogados y por la naturaleza misma de los textos jurídicos, que requieren a menudo una traducción oficial.

Resumiendo, los textos originales de que se ocupa la traducción jurídica son textos relativos al campo temático del derecho, en los que pueden aparecer fragmentos relacionados con otros campos del conocimiento, son textos que pertenecen a un registro profesional restringido, y sirven para regular las relaciones jurídicas entre los ciudadanos.

2. Modalidades de traducción jurídica

En la traducción jurídica hay que distinguir claramente entre la traducción escrita y la interpretación. La modalidad predominante en la traducción jurídica es la **traducción escrita**. Como ya hemos visto, el registro jurídico funciona principalmente a partir de documentos escritos, y es lógico que la modalidad de traducción más frecuente sea la que, partiendo de original escrito, genere traducciones escritas. Las destrezas básicas que debe dominar el traductor jurídico en este caso serían la comprensión lectora en lengua origen y la expresión escrita en lengua meta.

La **traducción a la vista** es otra modalidad habitual en esta especialidad y requiere el desarrollo de la comprensión lectora y la expresión oral. Se utiliza en los juicios cuando el juez pide al intérprete que lea el acta redactada por el secretario en el idioma requerido, o cuando se le pide que traduzca a la vista una prueba documental. También se emplea en las notarías cuando el notario facilita al intérprete el documento (poder notarial, escritura de compraventa) que va a leer y van a firmar las partes y le pide que lo traduzca a la vista.

Esta modalidad de traducción resulta muy comprometedora para los traductores jurídicos, puesto que las traducciones que realizan, de forma oral y espontánea, pueden pasar a formar parte del expediente de un juicio, con el problema añadido de que son otras personas las que recogen su traducción por escrito.

Aunque no se da con demasiada frecuencia en el ámbito jurídico, cabe citar también la **traducción audiovisual**, que se da cuando se requiere la traducción de cintas de audio o vídeo que pueden ser utilizadas como prueba ante los tribunales. Por último, la **interpretación** es otra modalidad ampliamente utilizada en el ámbito jurídico. Pensemos en las áreas geográficas fronterizas, como, por ejemplo, California, donde la profesión de *Court Interpreter* está muy desarrollada, o en zonas bilingües, como Canadá, en donde se traduce toda la legislación, o sin ir más lejos en nuestro propio país, España, en donde se están multiplicando las causas en las que aparecen implicados ciudadanos extranjeros que requieren asistencia lingüística.

En los juicios se utiliza la **interpretación simultánea** o la **consecutiva** dependiendo de la capacidad del traductor y de las indicaciones del tribunal. La interpretación de enlace se utiliza en los careos, los interrogatorios, las reuniones entre abogados y clientes, y la firma de contratos en notarías.

Sobre la interpretación ante los tribunales existe una abundante bibliografía que aborda la cuestión desde planteamientos muy diversos: se analizan los mecanismos de persuasión ante los tribunales, la forma de dar las órdenes al jurado y la influencia que puede tener en su decisión, el lenguaje de los testigos, el sexismo en el lenguaje forense, etc.[1]

También son interesantes los trabajos que abordan las interferencias que crean las intervenciones de los intérpretes en las estrategias retóricas que utilizan los abogados en los juicios orales ante un jurado. La interacción comunicativa de los tribunales es un diálogo marcado por diferencias de poder, donde un hablante dirige la conversación haciendo preguntas que un oyente tiene que responder. Es una conversación de exhibición donde no hay intercambio de información entre los hablantes, sino presentación de información conocida a un oyente pasivo que tiene que solucionar una disputa basándose en los hechos presentados durante el juicio.

Mediante el juego de preguntas y respuestas, los abogados intentan controlar la declaración de los testigos para presentar su propia versión de los hechos. Cuando la dinámica se ve modificada por la presencia de un intérprete que hace de intermediario entre el hablante que pregunta y el que responde, se producen ciertas alteraciones pragmáticas que pueden resultar en la pérdida de control de los abogados sobre el testimonio de los testigos.

3. Perspectivas de análisis de la traducción jurídica

Aunque se ha escrito mucho sobre el lenguaje legal y sobre la interpretación ante los tribunales, las obras dedicadas exclusivamente a la traducción jurídica escrita son muy escasas. En este apartado he recogido las obras más interesantes a fin de que el lector interesado pueda seguir profundizando en el estudio de esta especialidad de traducción.

Han publicado libros dedicados íntegramente **a esta variedad de traducción**: Gemar (1982), que adopta un enfoque didáctico desde su posición de docente en un país caracterizado por el bilingüismo, y Weston (1991), que hace un estudio comparado del sistema jurídico inglés y francés, y dedica un capítulo a los métodos de traducción más habituales en esta especialidad. La obra más reciente y más rigurosa es la de Sarcevic (1997), muy recomendable por su exhaustividad y por los múltiples enfoques epistemológicos que propone.

En España destaca la obra de Alcaraz (1994), que aborda la tra-

---

1. Véase Atkinson *et al.*; 1979; Danet, 1980; Philips, 1984; Berk-Seligson, 1990; Bucholtz, 1995; Niska, 1995, y Storey, 1995, entre otros.

ducción comentada inglés-español de diversos géneros legales, a la vez que realiza un análisis contrastivo del lenguaje jurídico español y el inglés. Publicada en español, pero referida al lenguaje jurídico inglés, esta obra presenta un enfoque sumamente práctico y útil para los traductores, ya que hace una extensa introducción conceptual sobre el derecho anglosajón y compara las instituciones y figuras jurídicas de ese sistema con las del sistema jurídico español. Además, propone traducciones comentadas de diversos géneros legales que van precedidas de una introducción sobre el tema legal a que se refieren. Además de este trabajo, se han publicado dos obras de carácter didáctico: Álvarez (1995), y San Ginés y Ortega (eds.) (1996). Se trata en ambos casos de manuales de traducción jurídica inglés/español, que tras una introducción teórica presentan propuestas de traducción para ciertos tipos de documentos.

La lista de **artículos dedicados a la traducción escrita de textos legales** es más extensa, y en ella habría que destacar los trabajos de Franzoni (1994, 1996); Gemar (1979, 1988); Hickey (1993 a, 1993 b); Mayoral (1991, 1994 a, 1994 b, 1995); Mikkelson (1995), y Sarcevic (1985, 1988), entre otros. Se trata, en general, de artículos que abordan temas concretos de la traducción para combinaciones lingüísticas específicas.² En 1979, la revista *Meta* dedicó un monográfico a la traducción jurídica (*Meta*, n.º 24, 1979), y más recientemente ha aparecido el monográfico sobre «Translation and the Law» de la American Translators Association, coordinado por Marshall Morris y que recoge trabajos sobre el lenguaje jurídico, la interpretación ante los tribunales y la traducción jurídica (*ATA* Series, vol. III, 1995).

En todos los artículos a los que nos hemos referido se abordan aspectos concretos de esta variedad de traducción:

1.   Muchos de ellos se refieren a las **soluciones de traducción para figuras jurídicas específicas**, tal como sucede con el de Mikkelson (1995), en el que la autora analiza cómo debe traducirse el término *homicide* inglés al español, teniendo en cuenta las diferencias

_____

2.   Véase Alexandre, K. (1981); Beyer, V. y Conradsen, K. (1995); Boy White, J. (1990); Brown, C. (1995); Bucholtz, M. (1995); Cary, E. (1956); Chukwu, U. (1991); Driedger, E. A. (1980); Durieux, Ch. (1990); Emery, P. G. (1989); Farghal, M. (1992); Frame, I. (1986); Franzoni, A. (1992, 1996); Gemar, J. C. (1979, 1980, 1981, 1988); Groot, G. R. (1988); Hammond, M. (1995); Hickey, L. (1992, 1993 a, 1993 b); Joseph, J. (1995); Koutsivitis, V. G. (1979, 1990, 1991); Kunz, K. (1995); Lajoie, M. (1979); Lesage, G. (1979); Lethuillier, J. (1980); Mayoral Asensio, R. (1991, 1994 a, 1994 b, 1995, 1996); Meredith, R. C. (1979); Mikkelson, H. (1995); Mills, B. (1988); Morris, R. (1995); Niska, H. (1995); Obenaus, G. (1995); Pavie, F. (1981); Peñarroja Fa, J. (1989 a, 1989 b); Pienkos, J. (1988); Puig, R. (1991); Rayar, W. (1988); Reed, D. G. (1979); Repa, J. (1991); Riera Dorandeu, J. (1987); Riva, N. (1981); Russel, R. (1979); Sarcevic, S. (1985, 1988); Schwab, W. J. (1978); Smith, S. (1995); Sparer, M. (1979, 1984, 1988); Stone, M. (1995); Storey, K. (1995); Torres Carballal, P. (1988), y Weston, M. (1983).

entre figuras jurídicas en el derecho angloamericano y en el de Sudamérica. Otros artículos que insisten en esta línea son los de Smith (1995), sobre la traducción de ciertos términos legales alemanes al inglés, o el de Beyer y Conradsen (1995), sobre la traducción de instituciones jurídicas japonesas al inglés. Este tipo de artículos dedica mucho espacio a la explicación de las realidades jurídicas de cada país, pero, en general, presentan un enfoque poco estructurado de la traducción jurídica.

2.   También encontramos artículos referidos a **la traducción de géneros legales concretos** como el de Sarcevic (1988), el de Brown (1995) y el de Kunz (1995), que se refieren a la traducción de textos legislativos, sin duda uno de los aspectos más complejos de esta variedad de traducción. Pocos traductores se atreven a abordar esta cuestión que suele quedar reservada para los juristas. Éste es, precisamente, uno de los campos en los que más extendida está la idea de que la traducción de textos legales debe ser responsabilidad de los juristas.

3.   Legault (1979) y Darbelnet (1990), por otra parte, plantean la cuestión de la **función de los textos legales** y Hammond (1995) analiza las funciones que va a tener la traducción y las consecuencias que esta circunstancia puede tener sobre las decisiones del traductor.

4.   Sarcevic (1985), Hickey (1993 b) y Franzoni (1996) abordan el tema de la **equivalencia en la traducción jurídica**.

5.   Autores como Sparer (1979), Franzoni (1992) y Obenaus (1995) insisten en la **necesidad de que los traductores jurídicos tengan un conocimiento pleno de la ciencia del derecho**, que les permita captar con precisión el significado de los textos legales.

6.   Mayoral (1991, 1995) y Peñarroja (1989 a, 1989 b y 1997) se han ocupado de la **traducción jurada** como actividad profesional diferenciada de la traducción jurídica y con unos condicionantes particulares. Mayoral (1994 b) hace referencia a las **cuestiones deontológicas** que se le plantean al traductor jurado.

7.   Otro tema recurrente en los artículos analizados es el de **los problemas que entraña la cooficialidad** de lenguas en países como Canadá, por ejemplo: Lajoie (1979), Reed (1979).

8.   Entre los artículos reseñados encontramos trabajos de **carácter histórico** que defienden la necesidad de conocer la historia del derecho y su evolución característica en cada ámbito geográfico para poder traducir sus textos con propiedad. En esta línea, Morris (1995) analiza desde una perspectiva histórica las actitudes de los sistemas legales anglófonos hacia los hablantes de otras lenguas. Stone (1995) estudia la influencia de un código legal medieval, *Las siete partidas*, de

la corte de Alfonso X el Sabio, sobre el lenguaje que se utiliza actualmente en los tribunales norteamericanos.

9.   Para terminar esta panorámica, que no pretende ser exhaustiva, sobre los artículos publicados hasta la fecha, cabe señalar los artículos de **carácter prescriptivo**, en los que se dan normas de traducción jurídica. En esta categoría se incluyen los trabajos de Joseph (1995), quien sostiene que el traductor jurídico debe comunicar las ideas del original de forma fiel y completa sin preocuparse de recrear el estilo del original.

Tal como se desprende del análisis de los artículos publicados, en la actualidad se observa un interés creciente por la traducción jurídica que está generando numerosos trabajos sobre aspectos individuales de la disciplina: la traducción de una figura jurídica particular de un idioma a otro, la importancia de los elementos culturales, las funciones de los textos jurídicos y su influencia sobre la traducción, el problema de la equivalencia y los aspectos deontológicos.

Capítulo 7

EL TRADUCTOR DE TEXTOS JURÍDICOS

Este capítulo está dedicado a reflexionar sobre la figura del traductor, una figura ignorada en demasiadas ocasiones por la teoría de la traducción a pesar de la enorme influencia que los traductores ejercemos sobre la lengua, y sobre la cultura en general, al actuar como mediadores entre las lenguas y, lo que es más importante, entre los sistemas semióticos.

Precisamente, por nuestra función de mediadores entre los sistemas culturales (en nuestro caso entre sistemas legales), una cuestión que se plantea con particular intensidad en esta parcela de la traducción es la de a quién corresponde traducir los textos legales. Encontramos, por un lado, la postura de los juristas, quienes consideran que sólo pueden traducir textos jurídicos con garantía de calidad los licenciados en derecho. Los defensores de esta postura argumentan que esta actividad exige un conocimiento profundo de los sistemas de derecho que la traducción pone en contacto y consideran la traducción jurídica un ejercicio de derecho comparado, sin tener en cuenta otros condicionantes textuales y lingüísticos.

Por otro lado, si partimos de la idea de que existen metodologías genéricas para abordar todo tipo de traducción especializada (estrategias de traducción, terminología, técnicas de documentación e investigación sobre el campo temático), concluiremos que son aplicables a cualquier disciplina, incluyendo el derecho, y que cualquier traductor puede traducir sin problemas los textos jurídicos. De hecho, disciplinas como la traducción o el periodismo parecen protegerse bajo un marco formal, derivado del dominio del lenguaje, que les da la posibilidad de tratar los textos en un nivel puramente discursivo, investigando los temas en un tiempo relativamente breve y obteniendo sólo la información necesaria y suficiente para ubicarse en el sistema conceptual y en la terminología de una especialidad.

Una postura más sensata es, quizás, la que se ha impuesto en el ámbito académico y que aboga por la formación de traductores especializados con una sólida preparación jurídica. De hecho, la traducción jurídica, por sus particulares características, ya ha recibido un tratamiento especial en países como Argentina y Canadá. En Argentina existe una titulación universitaria que forma traductores especializados en derecho, los «Traductores públicos», cuyas traducciones tienen carácter oficial. En Canadá, la situación de bilingüismo ha condicionado el desarrollo de programas de «iurilingüística», según la denominación propuesta por Gemar, uno de sus principales impulsores. Los «iurilingüistas» serían profesionales de la traducción con una formación específica en derecho comparado.

En el caso de la traducción jurídica, el papel que se le atribuye al traductor como mediador entre dos sistemas culturales es quizá más evidente que en cualquier otra parcela de conocimiento. El traductor jurídico no puede traducir palabra por palabra (como erróneamente se ha defendido durante mucho tiempo) porque hay muchos términos que carecen de equivalente, pero al mismo tiempo la necesidad de generar un texto fiel, «equivalente», le obliga a buscar la literalidad. Esta literalidad puede producir textos incoherentes y contradictorios con el sentido del texto original.

Esta paradoja sólo se puede solucionar con un profundo conocimiento del sistema de la lengua de partida y el sistema de la lengua término, que permita descodificar el mensaje jurídico correctamente y reexpresarlo en términos que se correspondan en la lengua término. Aquí, pues, más que en ninguna otra disciplina, el traductor debe ser un experto y un gran conocedor no sólo de ambas lenguas, sino de los sistemas jurídicos que las contextualizan. Además, el traductor no sólo debe dominar la lengua de origen y la de llegada, sino que debe mantener y renovar continuamente su conocimiento de ambas lenguas y de los dos sistemas culturales. A esto hay que sumar el hecho de que la traducción misma hace evolucionar a las lenguas y que el concepto de traducción va cambiando con el tiempo (desde los primeros planteamientos en los que se abogaba por la traducción literal a las propuestas actuales de traducción comunicativa).

Por otra parte, el conservadurismo del lenguaje jurídico nos podría llevar a pensar que el traductor jurídico, una vez formado, no necesitará reciclarse demasiado en cuanto a terminología. Sin embargo, ciertas ramas del derecho son muy innovadoras conceptualmente y utilizan un léxico absolutamente nuevo. Es lo que sucede en el caso del derecho financiero, en el que el «mercado de futuros», por ejemplo, utiliza en inglés una terminología completamente nueva, con infinidad de términos que aún no tienen traducción acuñada al español *(call, put, bull spread...)*.

Incluso en las ramas más tradicionales del derecho se observan cambios en el significado de los términos que vienen impuestos, obviamente, por los cambios en los usos y costumbres sociales. La expresión «*earn-out agreement*», por ejemplo, es relativamente reciente y no aparece en ningún diccionario ni glosario de contratos. Se refiere a una operación de compraventa (de empresas, normalmente), en la que el precio final queda supeditado a los resultados que obtenga la empresa objeto de la compraventa en un periodo de tiempo fijado a partir del momento de la firma del contrato.

A este proceso de evolución del traductor impuesto por los cambios externos se suma la evolución personal que va experimentando a medida que aumenta su experiencia profesional. La doble función del traductor (receptor y emisor) hace que su evolución se desarrolle en dos frentes: en el conocimiento del sistema lingüístico y cultural de la lengua de partida y en el de la de llegada.

A medida que aumenta su experiencia, el traductor va refinando su técnica y sus estrategias de traducción, mejora su capacidad para enfrentarse a los problemas de falta de equivalencia entre figuras jurídicas (pues ya ha tenido que tomar decisiones al respecto) y resuelve con más eficacia las ambigüedades sintácticas, la falta de puntuación, la adjetivación múltiple, etc. Todo ello, unido a la adquisición progresiva de un léxico jurídico especializado, es lo que caracteriza al traductor jurídico profesional.

1. La formación del traductor jurídico en España

En España podemos englobar a los traductores profesionales de textos jurídicos en tres grandes bloques atendiendo a su formación o titulación: *a*) los licenciados en traducción; *b*) los traductores jurados; *c*) los juristas que traducen, y *d*) los traductores no jurados, no licenciados y no juristas

Cada uno de estos grupos se ha ocupado tradicionalmente de distintos tipos de encargos. Así, la traducción de textos legislativos (leyes, normas, directivas...) y doctrinales es una parcela que durante muchos años ha estado reservada a los juristas que dominaban una lengua extranjera. Por otra parte, la traducción de documentos de derecho privado (contratos, poderes, testamentos...) se ha encargado tradicionalmente a los traductores jurados.

Hasta hace poco tiempo, en España la mayoría de los traductores jurídicos eran autodidactas. El único título reconocido que existía hasta la creación del itinerario de especialización en los programas universitarios era el título de Traductor Intérprete Jurado que concedía el Ministerio de Asuntos Exteriores, tras la superación de un examen que se convoca anualmente.

La formación de traductores se consolida en nuestro país con la creación de las Escuelas de Traducción e Interpretación, que posteriormente se convirtieron en Facultades de Traducción e Interpretación adquiriendo esta disciplina la categoría de titulación universitaria superior. En la actualidad, los planes de estudios incluyen diversas asignaturas obligatorias de traducción especializada, que se complementan con las que se ofrecen como optativas, y cuyo número varía dependiendo del plan de estudios de cada universidad.

Uno de los itinerarios de especialización que ofrecen actualmente algunas universidades españolas es el de traducción económica, jurídica y administrativa. La superación de un determinado número de créditos académicos en este itinerario de especialización conduce automáticamente a la obtención del título de traductor jurado, sin tener que aprobar el examen que cada año convoca el Ministerio de Asuntos Exteriores. La normativa de este examen fue modificada en 1996 para incluir una parte oral y otra escrita, así como una prueba de traducción inversa. En la actualidad los intérpretes jurados constituyen un colectivo con una larga tradición profesional por lo que le dedicaremos un apartado más adelante.

2. La formación del intérprete de tribunales

La interpretación ante los tribunales requiere una formación claramente distinta a la de los traductores de textos escritos. Éstos están acostumbrados a trabajar consultando obras de referencia (diccionarios, glosarios), solucionando dudas con expertos y disponiendo de tiempo para reflexionar sobre la versión final de la traducción que van a proponer. Los intérpretes, sin embargo, deben dominar otras habilidades como la expresión oral y la comprensión aural en ambas lenguas. Asimismo, deben tener un profundo conocimiento del lenguaje jurídico, de los términos procesales, de ciertas jergas...

En esta situación comunicativa pueden darse diversas modalidades de traducción (traducción a la vista, inversa, simultánea), que requieren técnicas y preparación muy distintas. A pesar de las graves consecuencias que una mala actuación profesional puede tener en estos casos, en España se observa una deficiencia manifiesta en la formación de los intérpretes ante los tribunales, ya que la legislación no señala ningún requisito de formación para actuar como tales, lo que introduce un claro elemento de incertidumbre en los procesos en los que una de las partes es extranjera. En este sentido, la Asociación Valenciana de Intérpretes Jurados, se pronunciaba en los siguientes términos:

> Sin embargo, con la mencionada disposición del art. 785-1.ª de la LEC, es lo cierto que, a menos que la intervención judicial lo remedie, cualquier persona que diga (como mera manifestación de parte, pues por tal precepto no se le exige acreditación ni titulación alguna) que conoce otro idioma, puede considerarse elemento técnico suficiente para traducir al castellano las manifestaciones del inculpado o testigo, sobre unos hechos cuya trascendencia es tremendamente importante, ya que de esas declaraciones se pueden derivar co
> ndenas, tanto personales como económicas; y a pesar de la gravedad que ello comporta, nadie garantiza la fidelidad y exactitud de la traducción, ni nadie se responsabiliza —alguien que traduzca sin ser intérprete jurado no puede tener esa responsabilidad— de unas palabras que pueden comportar condenas o sanciones importantes para la persona a quien se traduce (Asociación Valenciana de Intérpretes Jurados, 1992).

Tradicionalmente, esta función la han desarrollado, en el mejor de los casos, los intérpretes jurados, a los que hasta 1996 se les concedía este título sin examinar su competencia oral. Y digo en el mejor de los casos, porque lo cierto es que la falta de una legislación clara al respecto ha hecho que esta función haya sido desempeñada por personas cuya formación no debía ser contrastada en ningún momento. Era habitual que, al encontrarse con un detenido o un acusado extranjero, el juez o el secretario mandara buscar a «alguien que hablara su idioma», sin exigir ninguna acreditación de su nivel de competencia lingüística, y mucho menos traductora.

En la actualidad esta situación no ha mejorado, aunque hay varias circunstancias que, a mi entender, van a influir positivamente en su resolución. Por un lado, el examen de intérprete jurado incluye desde 1996 un apartado sobre interpretación oral. Por otra parte, es de esperar que los itinerarios de especialización en traducción jurídica que se imparten en algunas universidades españolas contribuyan a paliar estas deficiencias.

En el ámbito legal anglófono el juicio con jurado está muy extendido y existen programas, universitarios y no universitarios, en los que prepara a los intérpretes para esta función específica. En Estados Unidos, cada estado tiene sus propios exámenes que acreditan a los intérpretes como *Court Interpreters* para actuar ante los distintos niveles de la jerarquía de órganos judiciales.

En Inglaterra la situación no es tan clara, ya que no se exige una formación ni una competencia especial para ejercer como intérprete ante los tribunales. Las asociaciones profesionales han realizado grandes esfuerzos para conseguir que se exija un nivel de calidad y profesionalidad mínimo, y han denunciado repetidamente la falta de respuesta de la administración de justicia, que ha decidido dejar el asunto en manos de los abogados de las partes y de empresas que actúan como intermediarios, en lugar de establecer un sistema que asegure la calidad de estos servicios en colaboración con las asociaciones profesionales.[1]

3. Los traductores-intérpretes jurados en España

El intérprete jurado es un profesional nombrado por el Ministerio de Asuntos Exteriores para que, en nombre propio y bajo su responsabilidad personal, realice una función pública, no como órgano del Estado, pero sí por delegación de éste, en virtud del poder certificante que posee. Es un fedatario público que se ocupa de traducir diversos tipos de documentos y de certificar la exactitud y fidelidad de estas traducciones.

3.1. HISTORIA

La figura del intérprete jurado se remonta a los tiempos de la implantación del sistema judicial español en el Nuevo Mundo y queda establecida según la ordenanza 297 de audiencias que dictó Felipe II el 4 de octubre de 1563:

> Ordenamos y mandamos que en las audiencias haya número de intérpretes, y que antes de ser recibidos juren en forma debida, que usarán su oficio bien y fielmente declarando e interpretando el negocio y pleito que fuere cometido, clara y abiertamente, sin encubrir ni añadir cosa alguna, diciendo simplemente el hecho, delito o negocio, y testigos que se examinaren, sin ser parciales a ninguna de las partes, ni favorecer más a uno que a otro, y que por ello no llevarán interés alguno más del salario que les fuere tasado y señalado, pena de perjuros, y del daño e interés, y que volverán lo que llevaren con las setenas y perdimiento de oficio. (*Los intérpretes jurados*, Associació catalana d'Intèrprets Jurats, dossier n.º 0, Barcelona, 1992).

A mediados del siglo XIX, España todavía conservaba Cuba y Filipinas, y la figura del intérprete jurado tuvo, en consecuencia, una es-

---

1. Véase Moerman y Parladorio (1996).

pecial importancia. En el caso de Cuba, las autoridades dispusieron, por una Real Orden de 16 de junio de 1839, crear la figura de los «Intérpretes públicos», cuya actuación quedaba circunscrita a las islas. Peñarroja (1989 *b*), se refiere a esta reglamentación de la que citamos algunos artículos por su interés. El capítulo II trata «De las obligaciones y atribuciones *de los Intérpretes Públicos*» y en su artículo 13 indica: «Traducirá todos los papeles o documentos que se le confíen por cualquier autoridad, haciendo la versión al castellano con la más severa escrupulosidad, sin permitirse la menor licencia, sino la que demande estrictamente la fraseología de los idiomas, inclinándose en todo lo posible a la traducción literal, y nunca a la libre; pero siempre explicando y vertiendo con toda claridad y sin dar lugar a dudas, el verdadero sentido del original; siendo de su cargo las costas y perjuicios que de lo contrario se originaren.»

El artículo 14 precisa el doble carácter de empleados públicos y su actuación para con los particulares: «Estarán obligados como todos los demás curiales y empleados públicos, a ejercer su empleo sin ningún estipendio en los negocios de oficio o de los insolventes; en los demás casos devengarán sus derechos conforme a lo que sobre el particular se prevenga.» El mismo capítulo fija el tipo de juramento y aspectos de su actuación: artículo 10, «En todos los asuntos de oficio nombrarán precisamente las autoridades a llamada, evacuando con toda fidelidad el encargo que se les confíe, previo el correspondiente juramento, cuando se creyera necesario.»

En el mismo trabajo, el autor cita una normativa similar que se aplicaba en las Filipinas por un decreto del Gobierno Superior Civil de 7 de junio de 1845. En él, el gobernador afirmaba en el preámbulo: «Diferentes ocasiones he tenido para cerciorarme de la facilidad con que a muchos sencillos indios se les hace firmar representaciones en castellano, y cuando hay que actuar sobre ellas alegan ignorar su contenido, que no supieron lo que firmaron, que no escribieron lo que ellos dictaron, o no les leyeron lo que estaba escrito. De aquí resultan por una parte estafas, y por otra entorpecimiento en aplicar la acción del gobierno o en la administración de justicia.»

En Filipinas se les denominaba simplemente «traductores» y se exigía de ellos que conocieran bien la lengua del país y la castellana. Es interesante el artículo 4 que categóricamente dispone: «No se admitirá por ninguna autoridad escrito en lengua del país que no esté traducido por traductor autorizado.»

Peñarroja (1989 *b*), nos va acercando a la legislación actual:

> En la península debemos aguardar a que se dicte la orden de 8 de marzo de 1843 para que se regule la figura del Intérprete Jurado. En

dicha disposición se señala que en Madrid sólo podrá realizar traducciones oficiales la Secretaría de Interpretación de Lenguas, órgano dependiente del Ministerio de Estado (actual Ministerio de Asuntos Exteriores), mientras que en los demás puntos del Reino, dicha competencia se atribuye a los intérpretes jurados... Desde esta fecha, la figura del Intérprete Jurado cae en el campo competencial del Ministerio de Asuntos Exteriores, que es el encargado, hoy en día, de realizar las pruebas que se convocan anualmente, de otorgar el nombramiento, y del cual dependen orgánicamente, a pesar de su carácter de profesionales liberales.

3.2. LEGISLACIÓN ACTUAL

La legislación actual sobre la figura y competencias del intérprete jurado la hallamos en diversas fuentes, y su redacción (especialmente la de las normas relativas a sus competencias) se presta a distintas interpretaciones, como bien saben las asociaciones profesionales que luchan por conseguir que la figura del traductor jurado tenga un reconocimiento profesional y legal pleno. El Real Decreto 2555/77 y sus posteriores modificaciones definen la normativa sobre los nombramientos y exámenes, mientras que la legislación sobre procedimientos de actuación y competencias hay que buscarla en distintos artículos de la Ley de Enjuiciamiento Criminal y de la Ley Orgánica del Poder Judicial.

— *Legislación sobre nombramiento de los intérpretes jurados*

• El **Real Decreto 2.555/77 del Ministerio de Asuntos Exteriores** regula el nombramiento y las obligaciones de los intérpretes jurados y establece que la traducción efectuada por intérprete jurado tiene carácter oficial.

• **Real Decreto 79/1996, de 26 de enero,** por el que se modifican diversos artículos del Reglamento de la Oficina de Interpretación de Lenguas del Ministerio de Asuntos Exteriores. Tal como se recoge en su preámbulo, la aprobación del presente decreto obedece a diversos motivos:

1) A la necesidad de recoger la realidad de las actividades ejercidas por los intérpretes jurados y otorgar carácter oficial no sólo a las traducciones escritas, sino también a las orales y a las traducciones inversas.

2) Al hecho de que la entrada en vigor del Acuerdo sobre Espa-

cio Económico Europeo obliga a permitir el acceso a los exámenes para nombramiento de intérpretes jurados a los nacionales de sus Estados miembros.

3) A la creación del título universitario de Licenciatura en Traducción e Interpretación, que aconsejaba abrir la posibilidad de que los titulados en dicha licenciatura puedan solicitar a la oficina el nombramiento de intérprete jurado sin necesidad de realizar examen.

En relación a este último punto, el presente Real Decreto establece, entre otras cosas, que las personas que se encuentre en posesión del título español de licenciado en traducción e interpretación, o de un título extranjero que haya sido homologado a éste, podrán solicitar el nombramiento de Intérprete Jurado sin necesidad de realizar los exámenes previstos en el artículo 14 del Decreto, pero siempre que puedan acreditar «que han superado las asignaturas de dicha Licenciatura que, conforme a los Planes de Estudio de las correspondientes Facultades, otorguen a los Licenciados una preparación específica en traducción jurídica y económica e interpretación oral en la lengua o lenguas para las que se solicite el nombramiento». Faltaba, pues, concretar en qué consistía esta «formación específica», para lo cual se aprobó la Orden de 21 de marzo de 1997.

• **Orden del Ministerio de Asuntos Exteriores de 21 de marzo de 1997** por la que se desarrolla el artículo 15.2 del Real Decreto 2555/1977.

En esta Orden se establece que «se entenderá que los solicitantes poseen una preparación específica en las materias indicadas si han obtenido, en los cursos propios de la licenciatura, un mínimo de 24 créditos en traducción jurídica y económica y de 16 créditos en interpretación. De los 24 créditos en traducción jurídica y económica, al menos 12 deberán corresponder a asignaturas denominadas específicamente "Traducción Jurídica y/o Económica" o a asignaturas denominadas "Traducción Especializada" cuya correspondencia con aquellas materias esté avalada por los programas de dichas asignaturas. Los restantes créditos, hasta un total de 24, podrán obtenerse mediante la realización de prácticas en empresas, debidamente tuteladas y avaladas por la Universidad, y/o del proyecto de fin de carrera, siempre que esté directamente relacionado con la traducción de textos jurídicos o económicos. A estos efectos no se tendrán en cuenta los trabajos que versen sobre aspectos teóricos de la traducción».

• **Orden del Ministerio de Asuntos Exteriores de 8 de febrero de 1996** por la que se dictan normas sobre los exámenes para nombramiento de intérpretes jurados.

— *Legislación sobre competencias de los Intérpretes Jurados*

• La **Ley de Enjuiciamiento Criminal**, en su artículo 440, establece: «Si el testigo no entendiere o no hablare el idioma español, se nombrará un intérprete, que prestará su presencia juramento de conducirse bien y fielmente en el desempeño de su cargo. Por este medio se harán al testigo las preguntas y se recibirán sus contestaciones, que éste podrá dictar por su conducto. En este caso, la declaración deberá consignarse en el proceso en el idioma empleado por el testigo y a continuación al español.»

El artículo 441 de esta misma ley dispone lo siguiente: «El intérprete será elegido entre los que tengan título de tales, si los hubiere en el pueblo. En su defecto, será nombrado un maestro del correspondiente idioma, y si tampoco lo hubiere, cualquier persona que lo sepa. Si ni aun de esta manera no pudiera obtenerse la traducción, y las revelaciones que se esperasen del testigo fueran importantes, se redactará el pliego de preguntas que hayan de dirigírsele y se remitirán a la oficina de Interpretación de Lenguas del Ministerio del Estado, para que con preferencia a todo otro trabajo, sean traducidas al idioma que hable el testigo. El interrogatorio ya traducido se entregará al testigo para que, en presencia del juez, se entere de su contenido y redacte por escrito, en su idioma, las oportunas contestaciones, las cuales se remitirán del mismo modo que las preguntas a la Interpretación de Lenguas. Estas diligencias las practicarán los jueces con la mayor actividad.»

• La **Ley de Enjuiciamiento Criminal** establece en el artículo 785, regla primera, que el intérprete que se designe en los procedimientos abreviados no deberá tener necesariamente título oficial. Se introduce así un elemento claramente perturbador para un esencial principio de seguridad jurídica, ya que quedan desnaturalizadas las exigencias de los artículos 398, 440 y 441 de la Ley de Enjuiciamiento Criminal que acabamos de citar.

• **Ley Orgánica del Poder Judicial**. En el título III, capítulo 1, artículo 231, secciones 4 y 5 se hace referencia a la traducción e interpretación pero en relación sólo a las lenguas autonómicas: «Las actuaciones judiciales realizadas y los documentos presentados en el idioma oficial de una Comunidad Autónoma tendrán, sin necesidad de traducir al castellano, plena validez y eficacia. De oficio se procederá a su traducción cuando deben surtir efecto fuera de la jurisdicción de los órganos judiciales sitos en la Comunidad Autónoma, salvo, en este último caso, si se trata de CC. AA. con lengua propia coincidente, o por mandato del juez o a instancia de parte que alegue indefensión... 5. En las actuaciones orales, el Juez o Tribunal podrá habilitar como intérprete a cualquier persona conocedora de la lengua empleada, previo juramento o promesa de aquélla.»

3.3. ACTIVIDADES DEL TRADUCTOR JURADO

Recojo aquí una serie de actividades del traductor jurado, insistiendo en la idea de que no me estoy refiriendo a las funciones de los intérpretes, sino únicamente a las de los traductores, a pesar de que el título que se les concede es el de «Traductor-Intérprete Jurado».

• **Traducción de documentos judiciales.** Los surgidos de los procedimientos civiles, penales, eclesiásticos, policiales, etc., como pueden ser las comisiones rogatorias, las ejecuciones de sentencias de divorcio, nulidad o separación matrimonial, adopción de menores y otras resoluciones diversas.

• **Traducción de documentos de procedencia oficial, pero de signo administrativo,** tales como certificados de estado civil, certificados de estudios, títulos y diplomas académicos, certificados médicos, etc.

• **Traducción o interpretación jurada en las notarías** de escrituras de compraventa de bienes muebles e inmuebles, de formación de sociedades, en todas las cuales una de las partes es un extranjero que a juicio del notario no comprende bien el castellano, otorgamiento o revocación de poderes, actas de notoriedad, etc.

• **Traducción de documentos comerciales,** télex, cartas, contratos, pólizas de seguros, estatutos de compañías, avales bancarios, declaraciones juradas, balances, acuerdos de licencia, etc.

4. El mercado profesional de la traducción jurídica

Debido quizás a la dificultad de los textos jurídicos, y a las consecuencias legales, civiles e incluso penales que una traducción inexacta puede acarrear, en este campo de la traducción sólo trabajan, en general, traductores con una cierta formación. Por tanto, cabe afirmar que en este ámbito profesional las condiciones laborales son algo mejores (están mejor remuneradas, hay menos intrusismo...) que en otras parcelas de la traducción.

También influye en ello el hecho de que muchas traducciones de carácter legal deban ser realizadas obligatoriamente por intérpretes jurados y las obras normativas de carácter internacional suelan encomendarse a organizaciones internacionales que cuentan con servicio de traductores (las Naciones Unidas, por ejemplo), o a bufetes de abogados que a su vez cuentan con gabinetes de traductores, o bien se realizan en los departamentos de derecho internacional de las universidades.

Al aceptar un encargo, además de ofrecer un presupuesto, el traductor debe tomar decisiones de traducción que dependen de aspectos externos al texto: el cliente (que puede ser el interesado o su abogado); el destinatario final (que puede ser el juzgado, el cliente o el público en general...); el precio; los plazos de entrega; la recepción del original, que puede presentar problemas de interferencias (faxes que no se leen bien, fotocopias de dudosa autenticidad o cuya deficiente calidad de impresión impide descifrar su contenido).

Lo cierto es que el tipo de documento que se va a traducir influye en la distribución del trabajo entre los distintos tipos de traductores jurídicos que establecimos anteriormente. Si tomamos el punto de vista de la oferta de trabajo de traducción jurídica, observaremos que se organiza en torno a una tipología documental bien definida: textos doctrinales, textos normativos, textos judiciales (traducidos de oficio o por instancia de parte) y documentos de aplicación del derecho (públicos y privados).

4.1. Textos doctrinales

Comenzaremos centrándonos en el metalenguaje jurídico. Los textos que utilizan este tipo de discurso son los que utilizan el lenguaje jurídico para hablar sobre el derecho. Son los libros de doctrina, los manuales, las obras sobre filosofía del derecho, etc. Como ya hemos dicho, la traducción de estas obras, en ocasiones muy extensas, suele hacerse a instancias de un jurista, generalmente de un jurista relacionado con el mundo académico. La elección del traductor corre normalmente a cargo de ese jurista, si no es él mismo el que la realiza como sucede a menudo. El traductor es, prácticamente siempre, una persona con formación jurídica.

4.2. Textos normativos

En el caso de los convenios o tratados internacionales —que son las obras normativas más susceptibles de traducción— las organizaciones que los promueven (Naciones Unidas, Unión Europea...) cuentan con un servicio de traductores propio. Estos organismos contratan los servicios de traductores en plantilla y, en ocasiones, contratan traductores que trabajan por cuenta propia para encargos concretos. Los traductores de plantilla normalmente acceden a estos organismos mediante un examen —oposición—. Una vez incorporados al puesto de trabajo suelen recibir cursos de formación especializada en el campo que van a trabajar.

Los traductores de organismos internacionales están obligados a seguir unas normas de traducción que se recogen en los manuales de estilo de los servicios de traducción. Las Naciones Unidas, por ejemplo, tiene libros de estilo y glosarios a los que deben ceñirse sus traductores.

4.3. Textos judiciales

La traducción de documentos judiciales está, en principio, reservada a los traductores jurados, aunque en la realidad pocas veces se cumple esta premisa. Aquí no entraremos a analizar el papel del intérprete judicial, ya que nuestro trabajo se refiere únicamente a la traducción y hay que establecer unos lindes bien definidos entre los profesionales que se dedican a la traducción de documentos legalmente vinculantes (que en algún momento pueden ser utilizados como prueba ante un tribunal) y aquellos que actúan como mediadores lingüísticos en un proceso judicial. Las traducciones de textos judiciales pueden ser de oficio —solicitadas por el juzgado— o a instancia de parte —solicitadas por una de las partes.

1. *Traducciones de oficio*
La demanda de traducciones de oficio se limita casi exclusivamente a las comisiones rogatorias (escritos de solicitud de cooperación judicial internacional) y a sumarios en los que se hallan implicadas personas de nacionalidad distinta a la española. En el caso de las comisiones rogatorias, se trata de documentos que tienen una redacción normalizada y en los que se observa una tendencia creciente a la redacción multilingüe. A la proliferación de documentos tipo multilingües me volveré a referir en el apartado dedicado a la documentación.

Hasta hace sólo unos años, cuando un juzgado necesitaba traducir un exhorto, se seguía un procedimiento muy estricto. Se citaba por carta o telegrama a un intérprete jurado para que acudiera al juzgado. Allí se acreditaba debidamente, y tenía lugar su nombramiento como traductor para ese documento. Una vez traducido, el traductor debía volver al juzgado para entregar la traducción personalmente.

Con la proliferación de casos en los que se hallan implicadas personas de distintas nacionalidades y ante recorte presupuestario que ha afectado a los órganos jurisdicionales, los juzgados han buscado métodos de simplificar esta tarea. No se ha seguido una actuación uniforme a escala nacional, por un lado, porque no existe una legislación clara al respecto, y, por otro, porque las competencias en materia judicial están repartidas por comunidades. Otro factor que ha influido en la modificación de estos hábitos, ha sido la irrupción del fax y otros medios de transmisión electrónica de datos, que hace innecesario que el traductor se tenga que desplazar dos veces a los juzgados en cada ocasión.

Las soluciones adoptadas por los juzgados son de diversos tipos. Algunos juzgados han incorporado traductores a su plantilla. Puesto que el trabajo de traducción no es muy abundante excepto en algunos juzgados, estos traductores realizan el trabajo de varios juzgados. Esta circunstancia ha hecho que los traductores jurados hayan visto disminuir en gran medida su trabajo para los juzgados.

En otros casos, el juez o un oficial del juzgado dominan la lengua término y realizan ellos mismos la traducción. En este punto hay que recordar que el juez tiene competencia para nombrar traductor oficial en un procedimiento judicial a la persona que considere oportuna. Siguiendo con el razonamiento anterior, el juez puede nombrar traductor a cualquier persona que domine la lengua extranjera. Este hecho está teniendo unas nefastas consecuencias, tanto para las personas implicadas en los mismos como para los traductores profesionales que están sufriendo el intrusismo de personas que, por el mero hecho de conocer dos lenguas, están realizando funciones de traductores especializados.

2. *Traducciones de documentos judiciales por instancia de parte*
Las traducciones de documentos judiciales por instancia de parte incluyen documentos de todo tipo que el abogado de una de las partes desea presentar como prueba en un proceso judicial. Incluyen documentos de la índole más variada: contratos, testamentos, cartas manuscritas, expedientes académicos, informes forenses y un largo etcétera.

En este caso, los abogados suelen recurrir a un traductor jurado para dotar al documento traducido de una mayor fiabilidad y es una de las circunstancias en las que el traductor siente más intensamente la presión de los intereses del cliente. Hay que precisar que el cliente final es el individuo implicado en el proceso, pero el iniciador de la traducción, el que realiza el encargo y negocia las condiciones, raramente es el citado individuo, sino su abogado.

El traductor puede encontrarse con documentos de todo tipo y no necesariamente de carácter jurídico. El abogado desea, obviamente, utilizar la traducción en defensa de su cliente o como prueba contra la otra parte. Así pues, muchas veces intentará que la traducción tenga un matiz determinado o que el traductor interprete el texto original de una cierta forma.

En estas circunstancias, la independencia del traductor puede verse comprometida ya que, si el abogado, es decir, el cliente, proporciona al traductor trabajo de forma habitual, éste se encontrará ante el dilema de respetar sus sugerencias y seguir trabajando, o mantener su independencia y arriesgarse a perder un cliente. Es evidente que no se trata de tergiversar el sentido del texto original, se trata de matices mucho más sutiles, como puede ser el tono de una carta o la interpretación de una ambigüedad sintáctica.

4.4. TEXTOS DE APLICACIÓN DEL DERECHO. DOCUMENTOS PÚBLICOS Y PRIVADOS

Dentro de esta categoría encontramos todo tipo de documentos de carácter legal y administrativo. Documentos que dan fe de los acuerdos a que han llegado individuos particulares entre sí, o documentos que ponen de manifiesto las relaciones entre los individuos y la Administración.

La razón de darles un tratamiento distinto a los anteriores estriba en el hecho de que, cuando se solicita su traducción, no están destinados a ser presentados como prueba en un proceso judicial. A menudo, el iniciador de la traducción, el que realiza el encargo y lo negocia, es una persona sin formación jurídica. Se trata de encargos de traducción de contratos, documentos de sociedades, testamentos, documentos de registro civil, expedientes académicos, etc. De nuevo, en estas situaciones, el cliente busca con frecuencia un traductor jurado que acredite la validez de la traducción y también pueden comprometer la independencia del traductor. Mayoral se ha referido en diversas ocasiones a los dilemas morales a que se enfrenta el traductor jurado en su práctica diaria:

> Es difícil mantener un alto grado de credibilidad para una profesión y para hacerlo debemos filtrar las opiniones y los criterios que puedan ser interesados... aunque nos cueste algún cliente de vez en cuando. Incluso dentro del más estricto cumplimiento de la ley, nuestra profesión difiere fuertemente de las profesiones jurídicas en las que se actúa en representación y defensa de una parte; su obligación es buscar la interpretación de la ley más favorable a quien paga, al cliente. El traduc-

tor jurado es pagado por un cliente que en muchas ocasiones es parte interesada, pero su traducción debe ser lo más fiel y por lo tanto lo más neutral posible. Todavía más difusos están los límites en la discusión cuando nos referimos no a la elección entre lo cierto y lo falso sino a diferentes versiones dentro de lo que se puede admitir como veraz (teniendo en cuenta que prácticamente nunca existe una sola traducción fiel). No siempre es fácil ser fedatario y cliente de parte interesada al mismo tiempo. (Mayoral, 1994 *b*).

Capítulo 8

LA EQUIVALENCIA EN LA TRADUCCIÓN JURÍDICA

Al intentar comprender el hecho traductor, siempre surge la cuestión de la existencia, o no, de una relación de equivalencia entre vocablos, estructuras sintácticas o textos. A lo largo de la historia los estudios sobre la traducción vuelven una y otra vez sobre el tema, pero, afortunadamente, los tiempos en que se pretendía obtener una equivalencia matemática, exacta, han quedado muy atrás. Actualmente, la gran mayoría de los autores sitúan la noción de equivalencia abiertamente en el plano del habla.

Nida, el prestigioso traductólogo bíblico, fue el primero en plantear la dicotomía entre equivalencia formal y equivalencia textual para referirse a la equivalencia en el plano de la lengua y en el del habla respectivamente. Se inclina indiscutiblemente por la equivalencia textual y acuña las expresiones «equivalencia dinámica» y «equivalencia cultural». Son conocidos sus trabajos (Nida, 1964; 1977) en los que siempre ha defendido una traducción que permitiera a los lectores entender el sentido profundo del texto. Así, al verter ciertos pasajes de la Biblia al *iniut*, la lengua de los esquimales, propone una traducción contextualizada, y al buscar una equivalencia para «trigo», por ejemplo, recurre a un vocablo que tenga el mismo valor económico, cultural y social para este pueblo que el trigo tenía para los hebreos (probablemente el pescado o la carne de oso).

En la traducción jurídica se trabaja con distintos tipos de equivalencia (equivalencia formal, funcional, dinámica).[1] Los traductores jurídicos profesionales utilizan normalmente la equivalencia funcional, aunque estoy de acuerdo con Franzoni en que «la equivalencia funcional debe ser el principio rector, la técnica muchas veces ideal pero

---

1. Véase Weston (1991); Hickey (1993 *b*); Sarcevic (1985; 1997); Mayoral (1995), y Franzoni (1994, 1996), entre otros.

no única ni *para siempre*». Al usar en la lengua meta una expresión que denota el concepto equivalente más cercano se está empleando el método de equivalencia funcional —contextual, cultural— (lo que autores como Nida y Tarber parecen significar con la expresión equivalencia dinámica).

Como ejemplo de equivalencia funcional en los textos jurídicos podría citarse la traducción al inglés del término «sociedad anónima» como *public limited company* si el texto va destinado a lectores británicos, o *corporation* si va destinado a lectores norteamericanos. No podemos decir que sean exactamente iguales, pero al comparar las sociedades mercantiles en las tres jurisdicciones citadas, se observa que los tres conceptos son equivalentes tanto cultural como funcionalmente.

En general, tanto los teóricos como los profesionales de la traducción jurídica abogan por un planteamiento dinámico: un método interpretativo-comunicativo (según la denominación de Hurtado, 1994 *b*) que combine las diversas técnicas teniendo en cuenta, entre otros factores, las correspondencias entre sistemas jurídicos, el tema del texto y el destinatario de la traducción.

> Due to different usages of terminology in common law and civil-law countries as well as differences in the socio-economic and political structures of the countries in question, the extent to which the legal terminology of one language corresponds in meaning to that of another language is restricted. In the case of cultural-bound terms there are usually no adequate translation equivalents in the TL for the specific lexical unit of the SL. This is an example of so-called one-to-zero equivalence that signifies a gap in the lexical system of the TL that must be filled by the translator (Sarcevic, 1985).

Los procedimientos a los que suelen recurrir los traductores jurídicos para buscar la equivalencia de los términos marcados culturalmente son:

• Transcripción, traducción fonológica, transliteración grafológica, con o sin glosas en lengua meta.
• Traducción palabra por palabra.
• Préstamo
• Adaptación
• Descripción mediante definiciones y explicaciones
• Sustitución descriptiva.
• El neologismo
• «Naturalización» (traducción palabra por palabra y neologismo).

1. Complejidad conceptual y diferencias entre los sistemas jurídicos

> Even with devices of layout and graphology, the syntactic complexity —probably more than technical terms— renders legislative texts incomprehensible to all except the specialist reader and increases the possibilities for uncertainty (Gibbons, 1994).

Todos los estudiosos del tema citan como característica distintiva del lenguaje legal su complejidad. Sin embargo, la complejidad de este lenguaje no proviene sólo de la gramática sino que es consecuencia de los aspectos pragmáticos que lo contextualizan.[2] Por tanto, su aparente complejidad no puede atribuirse únicamente a factores lingüísticos sino a la combinación de una estructura conceptual compleja que impone una forma de expresión muy sofisticada.

Para demostrar esta hipótesis se han realizado experimentos (Gunnarsson, 1984) en los que se evalúa la comprensión de textos jurídicos en su forma original, después de haber sido reformulados en un estilo más próximo al lenguaje general. Los resultados ponen de manifiesto que la comprensión mejora cuando el texto ha sido reformulado, pero aun así persisten importantes problemas de comprensión que, por tanto, sólo podrían atribuirse al contenido.

Al enfrentarse por primera vez a un texto jurídico, el traductor novel se siente abrumado y perplejo a la vez por el léxico especializado, ampuloso, grandilocuente y oscuro, por sus peculiares estructuras sintácticas y por la complejidad de la retórica legal. Los textos jurídicos muestran unos rasgos tan característicos, un lenguaje tan fosilizado y unas estructuras textuales tan estereotipadas, que en un principio podría parecer que todos los problemas de traducción fueran a reducirse a resolver las dificultades terminológicas o gramaticales. Pero inmediatamente se hace evidente que la verdadera dificultad de este tipo de textos no está sólo en el léxico o la sintaxis, sino en su campo temático, en los conceptos y la disciplina teórica que los contextualizan.

Esta complejidad va a tener consecuencias muy importantes para la traducción jurídica (especialmente en lo que se refiere a los requisitos de formación del traductor jurídico) ya que es imposible traducir bien textos cuyo significado no se ha captado correctamente, y difícilmente se podrá entender un texto como el que reproducimos a continuación sin una cierta preparación previa.

El lector lego en la materia tendrá problemas de comprensión de

---

2. Véase Danet (1980), Gunnarsson (1984) y Zunzunegui (1992).

tipo sintáctico (especialmente por el uso de conectores característicos: *subject to, notwithstanding, if and to extent that...*), pero también
de tipo léxico. Para entender el significado de ciertos términos (*liability, liability in contract, tort, breach of statutory duty, terms and conditions, express warranties, warranties as to title and quiet possession,
operate*) resulta imprescindible tener unos conocimientos mínimos
sobre la disciplina del derecho.

---

13 Limitation of liability

   Subject to Condition 14, and notwithstanding anything contained in
these Conditions (other than Condition 14) or the Order, the Seller's
liability to the Purchaser in respect of the Order, **in contract, tort**
(including negligence or **breach of statutory duty**) or howsoever
otherwise arising, shall be limited to the price of the goods specified in the
Order or [£] whichever is the greater.

14 Unfair Contract Terms Act 1977

   14.1 If and to the extent that s 6 and/or 7(3ª) of the Unfair Contract
Terms Act 1977 applies to the Order, no provision of these **terms and
conditions** shall operate or be construed to operate so as to exclude or
restrict the liability of the Seller for breach of the **express warranties**
contained in Condition 5, or for breach of **the applicable warranties as
to title and quiet possession** implied into the terms and conditions of
the Order by s 12(3) of the Sale of Goods Act 1979, or s 2(3) of the Supply
of Goods and Services Act 1982, whichever Act applies to the Order.

   Where the Purchaser is a natural person] [and if and to the extent
that s 2(1) of the Unfair Contract Terms Act 1977 applies to the Order,]
nothing in these terms and conditions shall operate or be construed to
operate so as to exclude or restrict the liability of the Seller for death or
personal injury caused [to the Purchaser] by reason of the negligence of
the Seller or of its servants, employees or agents.

EJEMPLO 8.1.   *Fragmento de un contrato inglés.*

   Otro factor relacionado con el campo temático que marca nota-
blemente la traducción jurídica es la **falta de equivalencias entre
sistemas jurídicos**, que el traductor jurídico debe suplir con un profundo conocimiento de los sistemas jurídicos que la traducción, como
acto de comunicación intercultural, pone en contacto. En otros casos
de traducción especializada este conocimiento del campo temático no
es tan crítico y puede suplirse con un buen dominio de la terminolo-

gía. Ésta es una de las características que diferencian a la traducción jurídica del resto de la traducción especializada.

Es evidente que el término *liver* inglés debe tener un equivalente en español, por la sencilla razón de que este órgano forma parte de la anatomía tanto de los ciudadanos ingleses como de los españoles. Y lo mismo sucedería con los elementos químicos o con las piezas de un reactor nuclear. El referente extralingüístico tiene un equivalente material en la mayoría de las especialidades.

Ahora bien, no es fácil encontrar una figura del derecho angloamericano, o una sociedad mercantil inglesa, que se corresponda exactamente con nuestra comunidad de bienes, ni un tribunal inglés que sea equivalente a nuestro Tribunal Constitucional. De hecho, encontrar una traducción para estos términos no es tarea fácil ni automática. La experiencia y el conocimiento de los conceptos legales en uno y otro idioma es la única forma de solucionar estos problemas de equivalencia teniendo en cuenta las consecuencias legales que una determinada solución traductora puede tener.

Por otra parte, dentro del derecho hay numerosas ramas: penal, civil, fiscal, de familia, etc., que el traductor no puede dominar en su totalidad. Lo que adquiere el traductor que se especializa en traducción jurídica es una capacidad general para manejar las características comunes a todo discurso legal.

2. Estrategias de traducción

Como en otras áreas de la traducción, el enfoque metodológico no puede plantearse en términos dicotómicos: traducción libre o traducción literal, por ejemplo. En realidad, el traductor utiliza un método u otro dependiendo de la función de la traducción (que puede coincidir, o no, con la función del texto original), del cliente, del destinatario final o de otros factores similares.

Además de estas variables objetivas, no se debe olvidar que la traducción jurídica constituye un caso especial de traducción de elementos culturales con los problemas de equivalencia que esto plantea y a los que hay que sumar las exigencias de exactitud y fidelidad al original que derivan del carácter normativo y vinculante de los textos legales.

De acuerdo con Mayoral (1996), antes de establecer unos objetivos de traducción es necesario analizar los condicionantes previos a cada acto concreto de traducción, al texto original y al texto término. Según este punto de vista, los condicionantes del texto original (TO) serían la referencia, el estilo del autor y la fluidez de lectura. Los condicionantes del texto término (TT) serían el género, el *skopos* y la coherencia. Por último, los condicionantes del proceso de traducción serían la modalidad, el destino de la traducción (jurada o no), el estilo del traductor, las exigencias del traductor (deontología), las exigencias del cliente y las exigencias del destinatario final.

2.1. ELECCIÓN DEL MÉTODO SEGÚN EL CLIENTE

Aunque el destinatario de un documento legal pueda ser un lego en derecho, las personas que normalmente leerán estos documentos no pertenecen al público en general, sino que normalmente son juristas o personas que están familiarizadas con el mundo del derecho. Son los abogados, procuradores u otros asesores del lego en derecho. De hecho, la mayoría de los encargos que recibe el traductor jurídico le son encomendados por juristas.

En tales casos, la traducción no debe tener como objetivo explicar la ley extranjera y compararla con la española mediante la incorporación de notas del traductor, glosarios etc., sino que deberá ser coherente con la formación de su destinatario y no pretender convertir su traducción en un manual de derecho comparado.

Ahora bien, en las raras ocasiones en las que un lego en derecho nos pida una traducción para entender las implicaciones legales que cierto documento puede tener para él (traducción de servicio), sí que se puede adoptar un planteamiento explicativo en el que se definan los conceptos legales y se comparen en uno y otro sistema. En este caso sí que podemos explicar las palabras de la ley en lugar de limitarnos a traducirlas.

Además, el método que podríamos calificar de «literal», es el más apreciado por los juristas, que son los clientes habituales de los traductores jurídicos. Es difícil hacer entender a un jurista que has decidido adaptar el texto original (TO) a las convenciones y la terminología de la lengua término (LT) ya que no aceptan que el traductor lo modifique en modo alguno. En el plano profesional, lo último que debería hacer un traductor jurídico es preguntar directamente a su cliente cómo quiere la traducción. El cliente cuestionará inmediatamente su profesionalidad ya que para él no hay otra respuesta: la traducción jurídica sólo puede ser literal.

2.2. ELECCIÓN DEL MÉTODO SEGÚN LA FUNCIÓN DE LA TRADUCCIÓN

La función de la traducción es otro elemento determinante a la hora de decidirse por un método u otro. Cuando se trata de traducciones juradas, el traductor intenta ajustarse todo lo posible al original evitando al máximo las interpretaciones o adaptaciones a la LT. Así, normalmente optará por dejar en lengua origen (LO) los términos que no tienen traducción acuñada, dejará en LO los nombres de organismos, cargos, etc., y respetará al máximo el formato original.

En la traducción jurada de un contrato, por ejemplo, jamás se planteará adaptar el original a las convenciones de los contratos de la LT (modificar la macroestructura, por ejemplo), sino que intentará reproducir en la traducción el formato y la división en párrafos y subpárrafos del original. Con esto conseguirá que cuando las partes se refieran a un punto concreto del contrato puedan hallarlo sin dificultad en el TO y en el TT. Esta técnica también ayuda a localizar sin problemas los organismos e instituciones que aparecen en el TO en caso de tener que volver a traducir el TT a la LO («retrotraducción»).

Lo cierto, y como conclusión, es que, unas veces porque son traducciones juradas, otras porque el cliente quiere una traducción «literal» y otras porque los documentos van a constituir parte de un proceso judicial, el traductor jurídico suele tender a aplicar un método orientado a la LO.

CAPÍTULO 9

FUENTES DE DOCUMENTACIÓN
PARA LA TRADUCCIÓN JURÍDICA

Como hemos visto en el capítulo anterior, en la traducción jurídica la perfecta comprensión de los conceptos legales en la lengua de partida y la lengua término es una condición *sine qua non*. La práctica profesional de la traducción jurídica demuestra que el traductor no puede tener un conocimiento exhaustivo de todas las ramas del derecho, de todas las figuras jurídicas, ni de todas las posibles consecuencias legales de los distintos documentos. Estas circunstancias obligan al traductor jurídico a dominar las técnicas de documentación del campo temático del derecho.

Ahora bien, la documentación relevante para un traductor jurídico tiene unas características especiales, ya que debe referirse a conceptos legales de dos culturas distintas y a su forma de aplicación particular. Además de saber cómo funcionan estos conceptos en una y otra cultura, y por motivos que desarrollaremos un poco más adelante, también estará interesado en contar con textos paralelos (documentos pertenecientes al mismo género en ambas lenguas), con traducciones realizadas por personas u organismos autorizados (Naciones Unidas, Comisión Europea...), glosarios actualizados multilingües, etc. Muchas de las fuentes a las que hemos hecho referencia no son fáciles de localizar y otras no han sido aún publicadas y deben consultarse a través de recursos como Internet.

1. Clasificación de las fuentes de documentación jurídica

Podemos clasificar las fuentes de la documentación para la traducción jurídica en cuatro grandes bloques:

CUADRO 9.1.   *Fuentes de documentación para la traducción jurídica*

Obras lexicográficas	*Diccionarios generales:* monolingües, bilingües *Diccionarios especializados:* monolingües, bilingües *Diccionarios enciclopédicos*
Obras no lexicográficas	Enciclopedias temáticas Formularios Monografías Revistas jurídicas Documentos de normalización Documentación del cliente
Consulta con expertos	
Consultas en Internet	

En el apartado de recursos lexicográficos me refiero a todos los diccionarios, glosarios, vocabularios, bancos terminológicos, etc., tanto en soporte papel, soporte informático o de acceso en línea. En el apartado de fuentes no lexicográficas, se trata de que el traductor disponga de una bibliografía básica especializada amplia, que cubra los distintos aspectos de la traducción jurídica: aspectos teóricos y conceptuales del campo temático del derecho, derecho comparado, traducción jurídica.

Los traductores que se inician en la práctica de la traducción jurídica suelen utilizar los diccionarios especializados monolingües, ya que la falta de familiaridad con el registro jurídico puede hacerles cometer errores graves si trabajan con bilingües. Los diccionarios especializados tienen la ventaja de que incluyen sintagmas léxicos, frases hechas, etc., que facilitan enormemente la labor del traductor. El problema que suelen presentar es que hay que disponer de varios, pues no suelen ser exhaustivos por dos razones: 1) las combinaciones sintagmáticas de una lengua de especialidad son infinitas y, 2) normalmente son iniciativa de autores individuales que recopilan sus glosarios personales y no tienen la fuerza de las grandes obras editoriales.

Además, los diccionarios muy especializados que corresponden a subparcelas del campo temático del derecho resultan difíciles de conseguir. Hay magníficos diccionarios de términos de banca editados por bancos que los regalan a sus clientes, de términos de seguros editados por compañías aseguradoras, de términos de transporte marítimo que han sido publicados por asociaciones profesionales, por citar sólo unos cuantos ejemplos. No hay que olvidar tampoco, los magníficos glosarios que se encuentran al final de algunos libros.

Cuando son materias clásicas, nociones generales, etc., vale la pena consultar los diccionarios y enciclopedias. Sin embargo, si se trata de cuestiones de naturaleza muy reciente (nuevas modalidades de contratación, por ejemplo) sobre todo en el ámbito financiero, será imprescindible recurrir a obras no lexicográficas, monografías recientes para buscar las equivalencias que seguramente aún no han sido recogidas en los diccionarios.

A menudo nos encontraremos conceptos en lengua de partida para los cuales aún no existe una traducción acuñada en español. Esta situación supone un reto importante para el traductor. La experiencia dicta que el traductor jurídico no debe tomarse muchas libertades. Lo habitual es recurrir a la consulta con expertos, y en caso de no encontrar respuesta o hallar propuestas diferentes, conservar el término en lengua original, añadiendo, si acaso, una nota del traductor dando la definición de la figura jurídica y mencionando la falta de un término equivalente.

Mayoral (1996) introduce una distinción entre fuentes de documentación en el plano textual y en el plano léxico. En el plano léxico cita los diccionarios, legislación, manuales e informantes, y en el textual propone las fuentes que recogemos en la siguiente tabla. Su distinción me parece muy acertada ya que las decisiones de traducción jurídica no funcionan sólo en el plano léxico.[1]

CUADRO 9.2. *Fuentes de documentación (Mayoral, 1996)*

Fuentes de documentación	
Nivel léxico	• Diccionarios • Legislación • Manuales • Informantes

Nivel textual	• Textos multilingües incluyendo la LT
	• Textos paralelos en la LT
	   a) textos auténticos
	   b) textos extraídos de formularios
	   c) textos redactados de forma original
	   d) textos traducidos de la LT
	• Textos próximos en la LT

Por otra parte, hay que recordar que el lenguaje jurídico es rico en fórmulas, frases hechas y cláusulas estereotipadas, que conviene

---

1. El traductor jurídico también se ve obligado a decidir, por ejemplo, el formato que va a utilizar, y en este punto se plantea la cuestión de si se debe respetar el del original o utilizar el formato habitual del género en cuestión en lengua término.

traducir según la fórmula convencional en la lengua término. Estas equivalencias no se encuentran en los diccionarios, pero sí en los documentos paralelos. Mayoral (1996) se refiere a este hecho cuando habla de la terminología específica de las cláusulas de los textos comerciales.

> Para muchas situaciones de traducción de textos con contenido jurídico, es muy importante dar en la traducción el «término» que identifique la cláusula en la comunicación especializada (formulación establecida) y no usar ningún otro tipo de creación o recurso diferente pues podría afectar no sólo a la comprensión sino incluso a la validez de la cláusula o del documento Mayoral (1996).

Este tipo de recursos que funcionan a nivel textual estarían constituidos por formularios en ambas lenguas, documentos auténticos en ambas lenguas, y textos multilingües. Los formularios son recopilaciones de documentos tipo que describo en el capítulo 5 dedicado a los géneros legales. Se pueden conseguir en las bibliotecas de derecho y también se editan en soporte informático.

En cuanto a los documentos originales en ambas lenguas es algo difícil de conseguir para el traductor novel, pero los traductores con varios años de experiencia cuentan con infinidad de textos de este tipo que pueden utilizar para crear sus propios bancos de documentación. A esto nos referiremos en el siguiente apartado cuando hablemos de la creación de recursos propios. A los textos multilingües hemos querido darles un tratamiento especial en el apartado inmediatamente posterior.

No queremos terminar este apartado sin referirnos a la necesidad que tiene el traductor jurídico de adoptar siempre una actitud crítica ante la letra impresa, es decir, de no aceptar siempre como buenas las soluciones que encontramos en las fuentes de documentación y ser capaz de valorar la calidad de las obras de documentación.

2. Creación de recursos propios

Además de todas las fuentes de documentación que he citado, el traductor tiene un enorme potencial para crear recursos propios de documentación. Lo único que necesita es utilizar un método sistemático de archivo, tanto desde el punto de vista terminológico como textual, y en unos pocos años de trabajo contará con un formidable banco de documentación jurídica.

En el plano léxico, el traductor jurídico puede ir creando glosarios por temas específicos utilizando herramientas informáticas de gestión de la terminología, como el Multiterm.

a)   En el plano textual, puede desarrollar un sistema de archivo por materias de los originales que ha traducido. De esta forma se suelen obtener muchos documentos en lengua extranjera y muy pocos en lengua materna, pues en el ámbito profesional siempre se trabaja hacia la lengua materna y los originales que consigue el traductor son en lengua de partida. Para compensar la falta de documentos en lengua materna tendrá que recurrir a los formularios (documentos no auténticos) o solicitar materiales auténticos en bufetes de abogados, notarías, etc. También puede intercambiar documentos con colegas traductores que trabajen en la otra dirección.

b)   Por último, y si maneja bien los sistemas informáticos de traducción asistida, puede ir creando «memorias de traducción» que almacenan los originales y las traducciones realizadas y cuando les presentamos un nuevo original buscan si se ha traducido anteriormente y la traducción que se le ha dado.

Las memorias de traducción son bases de datos que gestionan todas las traducciones que hace un profesional o un organismo. Por cada frase o unidad de traducción se conserva la forma original y su equivalente en la otra lengua. De esta forma el programa proporciona un acceso instantáneo a las traducciones hechas con anterioridad. El sistema funciona integrado en un procesador de textos, buscando en la base de datos si ya existe una traducción anterior para cada unidad de traducción (frase) y puede hallar tres tipos de concordancia: equivalencia exacta, equivalencia parcial, falta de equivalencia.

Para la creación de recursos propios es imprescindible diseñar un sistema de archivos que responda a las necesidades de búsqueda que se van a generar después. Esto no siempre es fácil de determinar al principio, y es el ejercicio profesional el que va marcando las pautas y las necesidades de cada traductor. Lo ideal es contar con un sistema de archivos que permita búsquedas combinadas: el tema del documento, una palabra del texto, el nombre del cliente, la fecha de creación del documento, etc.

3.   La normalización de la traducción de textos jurídicos: los textos multilingües

En los últimos años se observa una decidida tendencia a la normalización de documentos de todo tipo, especialmente de los documentos con contenido puramente informativo y referencial, que se refleja en los esfuerzos de normalización de organismos como la ISO (Organización Internacional de Estandarización) y que constituye una valiosa fuente de documentación para el traductor jurídico.

Desde hace varias décadas, toda esta clase de material informativo y comunicativo está siendo objeto de un radical proceso de normalización, cuyos más decididos impulsores son las empresas transnacionales y los organismos internacionales y cuyo ejecutor principal es la ISO: normalización de la documentación técnica, de la terminología, de los documentos jurídicos y mercantiles, de los planes de estudio, de las bibliotecas...

Es previsible que serán objeto de este creciente proceso de normalización los textos diplomáticos, técnicos y comerciales que suponen más del 90 % de la demanda mundial de traducciones y entre los que destacaría los siguientes: 1) documentos técnicos y científicos; 2) documentación comercial; 3) informes administrativos; 4) documentación jurídica; 5) manuales de instrucciones; 6) material didáctico (libros de texto, enciclopedias, enseñanza de idiomas, diccionarios, gramáticas, etc.); 7) patentes industriales, y 8) reseñas informativas (meteorología, Bolsa...).

Todos estos documentos tienen una característica común: son objeto de transacciones internacionales, es decir, tienen que ser traducidos una y otra vez a distintos idiomas. Podríamos plantearnos, entonces, la siguiente cuestión ¿por qué no se crea toda esta documentación en formato multilingüe desde el principio?

La respuesta no es tan sencilla, ya que no se trata meramente de una operación de transferencia lingüística, sino que existe una cuestión de base que no está resuelta: no existen documentos tipo universalmente aceptados de los géneros a los que nos hemos referido, aunque se está trabajando intensamente para conseguirlo. El modelo de patente no es igual en España que en Hong Kong, del mismo modo que las partidas de nacimiento inglesas no son idénticas a las españolas.

> El caos reinante todavía en el terreno de la comunicación internacional no se debe exclusivamente a la diversidad lingüística, sino que se deriva sobre todo de la disparidad absoluta en la concepción y presentación de la información: Distintas unidades de medida, de composición de materiales, de exigencias de calidad, de medidas de seguridad, de referencias conceptuales, de terminología, de partidas arancelarias, de protocolos, de homologaciones, de impresos y formularios, de interpretaciones jurídicas, etc. (Abaitua, 1996).

Esta tendencia a la armonización documental que se observa en los distintos ámbitos con repercusión internacional también se deja sentir en el campo del derecho, en especial del derecho mercantil y administrativo. Existen ya numerosos ejemplos de documentos multilingües o de documentos tipo con versiones en varias lenguas. Esta última afirmación no siempre resulta cierta, tal como apunta irónicamente Mayoral (1996), que también se ha ocupado del tema de la documentación multilingüe:

> Los documentos multilingües hacen innecesaria la repetición de la traducción para cada caso, a no ser en excepciones anecdóticas como la que ocurrió a un colega traductor jurado al que le llegó el encargo, impuesto por un Registro Civil, de traducir al español una partida de nacimiento bilingüe portugués-español (Mayoral, 1996).

En este apartado de documentación jurídica multilingüe incluiremos también los escasos formularios bilingües que se han publicado hasta la fecha. La Unión del Notariado Latino publicó en 1981 su *Texte uniforme des procurations*, en el que se recogen varios modelos de poder notarial redactados en diez idiomas (inglés, español, francés, alemán...). Se trata de una iniciativa loable, pero el análisis de su contenido revela serias deficiencias en la traducción. Otra iniciativa de este tipo es la obra de Bernardita (1991), un formulario bilingüe de contratos civiles y comerciales inglés-español y español-inglés que contiene propuestas interesantes para los traductores jurídicos.

4. Bases de datos legales

Hoy se puede hablar de una verdadera explosión de las bases de datos legales. El panorama ha cambiado sustancialmente en los últimos años, y hoy en día se está realizando un intenso esfuerzo de informatización en todos los ámbitos de la justicia. No obstante, existen aún muchas lagunas de información y todavía tendrá que pasar algún tiempo para que este sector disponga de un sistema extenso de recuperación automatizada de la información.

El constante aumento de la legislación, jurisprudencia y doctrinas jurídicas hacen cada vez más necesario disponer de toda la información en formatos que permitan una recuperación rápida y eficaz. La implantación de la información electrónica en Europa se ha enfrentado a dos problemas: la diversidad de lenguas y la fragmentación del mercado. Pero las ventajas que ofrecen estos sistemas se han impuesto a todos los obstáculos y la mayoría de los profesionales del derecho utilizan ya estas herramientas.

Para solucionar estos problemas el IV Programa de Investigación y Desarrollo para la Telemática, dependiente de la Dirección general XIII, ha promovido el programa IMPACT, que se inició en 1989 y que ahora ha pasado a llamarse INFO2000. Dentro de esta línea creó ECHO, el servidor de la Unión Europea, que se ocuparía de distribuir las bases a todo el público, unificar los esfuerzos de los distribuidores y potenciar productos paneuropeos.

Las bases de datos constituyen una herramienta de trabajo de gran valor para el traductor jurídico, que puede extraer de ellas información bibliográfica o textual. Atendiendo a su contenido, las bases de datos legales se pueden agrupar en bloques temáticos:

CUADRO 9.3.   *Clasificación temática de las bases de datos legales*

1. Actividad parlamentaria (legislación, actividad gubernativa, normas, reglas...).
2. Legislación en general.
3. Jurisprudencia (general, constitucional, administrativa, fiscal, mercantil, de la UE...
4. Bibliografía jurídica.

En Europa, a finales de 1981, de las 291 bases de datos que formaban la red EURONET, 48 pertenecían al ámbito jurídico. En la actualidad ECHO cuenta con una serie de bases de datos que pueden resultar muy interesantes para el traductor jurídico: EURODICATOUM, la base de datos terminológica que recoge un gran número de términos jurídicos; EURISTOTE, directorio de más de 14.500 tesis y estudios sobre derecho comunitario; JUSLETTER, contiene información sobre legislación europea y vistas judiciales; EMIRE, versión en línea de los glosarios de empleo y relaciones laborales en Europa que contiene una explicación muy clara de los términos en contexto.

De las eurobases, quizás la más interesante para los traductores jurídicos sea la base CELEX que se elabora en Luxemburgo y contiene la normativa comunitaria (DOCE: Diario Oficial de las Comunidades Europeas) y la jurisprudencia comunitaria (RECUEIL). Esta base nació en francés y la información más antigua sólo está recogida en esta lengua. A partir de 1993 se introdujo la versión española que contiene datos desde 1998 y está organizada en sectores y subsectores, tal como se puede observar en la tabla que reproducimos a continuación.

CUADRO 9.4.   *Sectores y subsectores de la base de datos CELEX*

Tabla de sectores de la base de datos CELEX

Sector	Código alfabético	Documento
1. Tratados		*Tratados constitutivos de las comunidades*
		Tratados de modificación o de adhesión
	A	Tratado EURATOM (1957)
	B	Tratado de adhesión DK, IRL, GB y N (1972)
	E	Tratado CEE (1957)
	F	Tratado de fusión (1965)
	G	Tratado Groenlandia (1985)
	I	Tratado de adhesión GR (1979)
	K	Tratado de adhesión ES y PT (1985)
	M	Tratado CECA (1951)
	R	Tratado sobre la Unión Europea
	U	Acta Única Europea
2. Relaciones exteriores		*Derecho nacido de las relaciones exteriores de las comunidades*
	A	Acuerdos con terceros países u organizaciones internacionales
3. Derecho privado		*Derecho derivado*
	B	Presupuesto
	D	Decisiones
	K	Recomendaciones CECA
	L	Directivas CEE/EURATOM
	R	Reglamentos CEE/EURATOM
	S	Decisiones CECA de carácter general
	X	Otros actos (resoluciones, dictámenex...) publicados en DO L (o DO antes de 1967)
	Y	Otros actos publicados en el DO C
4. Derecho Complementario		*Derecho complementario*
	A	Acuerdos internos
	D	Decisiones (de los representantes de los Gobiernos de los Estados miembros reunidos en el Consejo)
	X	Otros actos publicados en el DO L
	Y	Otros actos publicados en el DO C
5. Actos preparatorios		*Actos preparatorios*
	AC	Dictámenes del CES (consulta previa)
	AG	Diversos actos preparatorios del Consejo
	AK	Dictámenes del Comité Consecutivo (CECA)
	AP	Dictámenes del Parlamento del presupuesto
	BP	Actos del PE preparatorios del presupuesto
	CC	Dictámenes del Tribunal de Cuentas
	DC	Diversos actos preparatorios de la Comisión
	IC	Dictámenes del CES
	IP	Dictámenes del PE
	PC	Propuestas de la Comisión
6. Jurisprudencia		*Jurisprudencia del Tribunal de Justicia y del Tribunal de Primera Instancia*
	A	Sentencias del Tribunal de Primera Instancia

CUADRO 9.4.   *(Continuación)*

	B	Providencias del Tribunal de Primera Instancia
	C	Conclusiones del abogado general
	D	Tercerías del Tribunal de Primera Instancia
	F	Dictámenes del Tribunal de Primera Instancia
	J	Sentencias
	O	Providencias
	S	Embargos de retención
	T	Tercerías
	V	Dictámenes del Tribunal de Justicia
	X	Deliberaciones
7. *Medidas nacionales*		*Medidas nacionales de transposición del derecho comunitario*
	L	Medidas nacionales de transposición del derecho comunitario
9. *Preguntas parlamen-tarias*		*Preguntas parlamentarias*
	E	Preguntas escritas
	H	Preguntas planteadas en el turno de pregunta
	O	Preguntas orales

También existen bases de datos como LEXIS y Westlaw que son de carácter comercial, es decir, hay que pagar una cuota para poder acceder a ellas. El ICEX (Instituto de Comercio Exterior) tiene varias bases, también de pago, como BIBLOS, BISE, OFERES o ESTACOM, que pueden ser de interés para el traductor especializado. Por último, para el traductor español, la base de datos del BOE es una fuente inagotable de recursos e información. La empresa ILI comercializa interesantes bases de datos, como, por ejemplo, la que recoge toda la documentación sobre normas internacionales, ILI Standars Database o la ILI Eurolaw Database.

5.   **Documentación en Internet**

La obtención de documentación a través de Internet resulta de gran utilidad para los traductores especializados, ya que mucha de la información que necesitamos no se encuentra actualizada en soporte papel y, además, las ramas de especialidad son tan numerosas que al traductor le resulta imposible disponer en su lugar de trabajo de diccionarios, obras de referencia, glosarios o expertos a quien consultar sobre todas ellas.

Aquí sólo me limitaré a sugerir algunas de las direcciones electrónicas que me parecen relevantes para el traductor jurídico. Muchas de ellas son fruto de mis «viajes» por la red y otras las he tomado de Obenaus (1995) y Pareras (1997).

Hay varios libros que tratan la documentación sobre derecho en Internet, entre otros podemos citar los siguientes: Pareras (1997), Milles (1993), Blackman (1993) y Heels (1995). La obra de Heels, *The legal list*, es una de las mejores guías de recursos legales en Internet. La publica Lawyers Cooperative Publishing y se puede obtener en distintos formatos. Aquí me limitaré a sugerir algunas de las direcciones electrónicas que me parecen relevantes para el traductor jurídico. Muchas de ellas son fruto de mis «viajes» por la red y otras las he tomado de Obenaus (1995) y Pareras (1997).

5.1. RECURSOS EN INTERNET PARA LA TRADUCCIÓN JURÍDICA

El traductor jurídico puede encontrar en Internet recursos sobre temas de derecho (sistemas jurídicos, ramas del derecho, figuras jurídicas, organización judicial, aspectos profesionales...), modelos de documentos y textos legales auténticos, glosarios especializados y foros de debate y de consulta.

La consulta en Internet de cuestiones jurídicas correspondientes a ordenamientos de distintos países ahorra al traductor jurídico mucho tiempo de desplazamiento a bibliotecas especializadas y pone a su alcance documentación que sólo podría encontrar en bibliotecas de otros países. Por otra parte, los textos legales auténticos (leyes, contratos, testamentos, sentencias...) son muy útiles como textos paralelos, permiten comprobar la terminología, observar el formato de los textos, comprobar las fórmulas, etc. Recogemos a continuación algunas direcciones de donde se puede obtener **información sobre derecho (español, británico y norteamericano)**, textos legales en distintos idiomas así como glosarios legales y otras herramientas útiles para el traductor jurídico.

— *Derecho español*

• Información y conexiones a otras páginas sobre derecho español.
  http://www.geocities.com/Athens/Acropolis/6478 /indice.htm.
  http://www.geocities.com/Eureka/3727/
  http://www.arrakis.es/-neromar/derecho/
  http://www.intercom.es/webjur/
  http://www.juridica.com/esp/
  http://www.leggio.com/

- Boletín Oficial del Estado, BOE.
http://www.boe.es/ http://www. boe.es/
- Ministerio de Justicia español. *http://mju.es/index2.htm*
- Colegio de abogados de Valencia. *http://www.icav.es/*
- Fuentes de información jurídica española en Internet, página elaborada por Jesús Blázquez. Incluye, entre otras cosas, vínculos a organismos e instituciones españolas organizados por comunidades. *http://usuarios.bitmaile.com/jblazquez/cec/español.html*
- Página dedicada al Derecho Civil:
http://www.civil.vdg.es/normacivil

— *Derecho británico*

- La página institucional del gobierno del Reino Unido recoge cientos de vínculos a instituciones británicas (ministerios, policía, Seguridad Social, Educación...) de gran utilidad para documentarse sobre temas concretos o conseguir terminología de especialidad. *http://www.open.gov.uk/*
- Her Majesty Stationery Office, es la editorial oficial del gobierno británico y en su dirección de Internet es posible conseguir numerosas publicaciones oficiales. Entre otras cosas los instrumentos legislativos, regulaciones, órdenes, etc. *http://www.hmso.gov.uk/*
- The Court Service. Recoge información sobre el sistema judicial británico así como las últimas sentencias de los tribunales superiores. *http://www.hmso.gov.uk/*
- Legal theory: *http://www.legaltheory.demon.co.uk*

— *Derecho comunitario*

- Las páginas de la Unión Europea son una fuente inagotable de recursos para el traductor jurídico: textos de los tratados, legislación, jurisprudencia, decisiones de los tribunales europeos..., y todo traducido a varias lenguas. *http://wweuropa.eu.int/eur-lex/*
- En la base de datos CELEX se encuentra recogida toda la legislación europea. *http://europa.eu.int/celex/celex-es.html*

— *Derecho norteamericano*

- Seminarios sobre derecho norteamericano en línea y grabaciones de los juicios orales norteamericanos. *http://www.hg.org/hg.html*
- The Legal List. Investigación legal en Internet.
http://www.globalink.com.
http://www.lcp.com/The-Legal-List/TLL-home.html

- Law Library of Congress. *http://www.globalink.com*
http://lcweb2.loc.gov/glin/glinhome.html
- Tribunales EE.UU.: *http://www.uscourts.gov*
- Law Links. Expert web site. *http://artelsources.com/linkshtml*
- FindLaw. *http://www.fiindlaw.com/*

— *Derecho internacional*

- La **Universidad de Saarland** (Alemania) ha lanzado un proyecto de gopher que permite el acceso a muchos textos legales en alemán y señala además la forma de acceso a otros puntos de información sobre textos legales en todo el mundo. http://www. jura.uni-sb.de/ *http: //www.jura.uni-sb.de/*
- Otra fuente importante es el **gopher WIRETAP**, que recoge muchos documentos legales internacionales aunque la mayoría están en inglés. Contiene el texto de NAFTA, el tratado de Maastricht, resoluciones de las Naciones Unidas, etc. *http://wiretap. spies.com*
- La página de la profesora Delia Venables, **Portal to Legal Sites and Resources**, es para mí uno de los recursos más útiles por la gran cantidad y variedad de vínculos a recursos legales que ofrece. *http://www.pavilion.co.uk/legal/sites.htm/*
- En la **Comisión de las Naciones Unidas para el Derecho Mercantil** se pueden obtener diversas publicaciones en línea. *http://www. uv.es/econweb/Hemeroteca/re/R-0384.html*
- **Naciones Unidas.** *http://www.un.org/dpcsd/*
- **Viena Convention.** *http://cisgw3.law.pace.edu/*
- **Unidroit.** *http://www.agora.stm.it/unidroit/*
- **Uncitral.** *http://www.un.or.at/uncitral/*
- **Organizaciones de comercio internacional.**
http://www.yahoo. com/Business_and_Economy/International_ _Economy/organizations/International_Trade/

— *Documentos legales*

- Cientos de **modelos de documentos legales** *(legal forms)* que comercializan distintas empresas. Estas páginas presentan listas interminables de modelos de todo tipo. *http://search.yahoo.com/bin/search?p=legal+forms* *http://www.legaldocs.com/*
- **The Avalon Project at the Yale Law School** incluye documentos legales de trascendencia histórica, tratados de paz, convenios internacionales, etc., de los siglos XVIII, XIX y XX. *http://www.yale.edu/ lawweb/avalon/htm*

• **El sitio EveryForm ofrece 400 modelos de documentos sin cargo.** *http://www.everyform.net/*

— *Traducción jurídica - glosarios legales*

• **La página del traductor jurídico.** Elaborada por el departamento de Traducción y Comunicación de la Universitat Jaume I (Castelló) recoge vínculos e información de interés para el traductor jurídico. *http://www1.uji.es/wwwtrad/*

• **National Association of Judiciary Interpreters and Translators:** *http://www.najit.org*

• **Globalink:** Sistema de traducción automática que utiliza glosarios jurídicos. *http://www.globalink.com*

• **Systran:** Sistema de traducción automática de la Unión Europea. *http://www.systranmt.com*

• **Glosarios y diccionarios legales:** Existen cientos en la red. Glosarios de testamentos, de términos financieros, de matrimonio...
  http://www.wwlia.org/diction.htm
  http://199.241.8.81/pages/terms.htm
  http://www.heckel.org/General/gloss.htm (patent law)
  http://www.uwasa.fi/comm/termino/collect
  http://www.talksa.com/claridad/
  http://www.xlation.com/glossaries/getglos.php?topic=legal&lang=all/
  http://www.wld.com/

• **Recursos de todo tipo para traductores especializados.** Muy interesante. *http://www.cancio.com/lienscc.html*

• **Cyberspace Law for non-lawyers:** Cursos de derecho en línea para legos en la materia. *http://www.counsel.com/cyberspace/*

• **Language in the judicial process:** *http://hamlet.utk.edu/perm/pub-info.html/*

• **International Journal for the semiotics of Law:** *http://legaltheory.demon.co.uk/ijsl.html*

5.2. FOROS DE DEBATE (NEWSGROUPS)

Los foros de debate o grupos de interés común son una forma interesante de adquirir información sobre el campo temático del derecho, y permiten incluso dirigir preguntas concretas a grupos muy extensos y con un interés especial en el área de especialidad que nos interesa. Éstas son las direcciones de algunas de ellos:

• acc.sbell.usa-today.law
• alt.lawyers

- alt.lawyers.sue.sue.sue
- law.court.federal
- law.listserv.net-lawyers
- law.school.antitrust
- law.school.corps
- law.school.legal-prof
- law.school.tax.business
- ntu.law.economics
- ntu.law.law

También se puede acceder a grupos de debate a través de su dirección en Internet, como sucede en el caso de «El ágora: abogados en Internet», foro público al que se accede desde: *http://www.geocities.com/Eureka/9068/agoradef.html.*

Los traductores jurídicos pueden exponer sus opiniones o realizar consultas a colegas de todo el mundo a través de dos foros dedicados al lenguaje forense y a la traducción jurídica. A ellos se accede enviando un mensaje de correo electrónico.

- **Forensic Linguistics:** *mailbase@mailbase.ac.uk.* Mensaje: *join forensic-linguistics Yourfirstname Yourlastname*
- **Court Interpreters:** *majordomo@colossus.net*

6.   Algunos ejemplos de página web.

El AGORA | **El TABLÓN**
ABOGADOS EN | EL MUNDO DEL
INTERNET | DERECHO

AMBOS FOROS PÚBLICOS HAN SIDO REFUNDIDOS EN UNO SOLO.
PODRÁS PUBLICAR, LEER Y CONTESTAR LOS MENSAJES,
ACCESIBLES AHORA DESDE CUALQUIERA DE LAS DOS WEBS.

Para acceder rellena los campos siguientes, y luego pulsa sobre el botón.

Nombre o Pseudónimo:

Tu email (opcional):

Ver los últimos 25 mensajes

El AGORA es un servicio facilitado
gratuitamente por

Grupo
Piaact

Invitamos a los titulares de otras webs de contenido jurídico a unirse
a la iniciativa de unificar sus 'tablones', 'foros', 'agoras', ...
Para ello contactar con la Asociación ABOGADOS EN INTERNET
en el email: asoc@abog.net

Welcome to
Her Majesty's Stationery Office

Legislation   Inforoute   Copyright   Public Library
Subsidy

About   Search   What's
HMSO   New

Due to an operational fault HMSO has not received any mail since 26/10/99 and
some mail may have been lost. If you have sent post which has not been
responded to please re-try. Until this fault is corrected, and from now, the mail
will be forwarded to a different e-mail address.

Links to
- Cabinet Office
- The London Gazette
- The Stationery Office Limited
- UK Parliament
- Scottish Parliament
- National Assembly for Wales
- The New Northern Ireland Assembly

El Derecho de la Unión
Europea

AVISO   Diario Oficial C E

🔹 Diario Oficial

🔹 Tratados

🔹 Legislación:
 - Legislación comunitaria vigente
 - Tipos de Conversión del Euro (L 359, 31.12.1998)

🔹 Actos jurídicos preparatorios comunitarios

🔹 Jurisprudencia

Gestionado por EUR-OP

THE COURT SERVICE
W E B S I T E

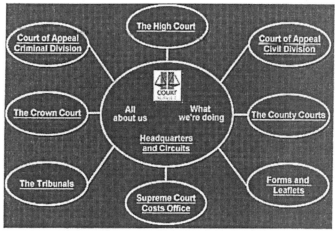

At the moment, no charge is made for information taken from this site.
If charges were introduced, they would apply only for data taken from the site and sold on for commercial purposes.

Tribunal de Justicia y Tribunal de Primera Instancia

Presentación de la Institución

Textos relativos a la Institución

Estadísticas judiciales

Publicaciones

Informaciones generales

E-mail

Giustizia e Pace (Giacomo Manzù)

Calendario de la semana

Informacìon administrativa

Comunicados de Prensa

Asuntos (Index A-Z)

Jurisprudencia reciente

Actividades

Curia - Home

EPÍLOGO

Los traductores jurídicos nos enfrentamos diariamente a la traducción de documentos complejos, de naturaleza y procedencia muy variadas, que nos plantean problemas terminológicos, estilísticos y conceptuales difíciles de solucionar. Estas dificultades son más evidentes en el caso de los traductores independientes, ya que resulta difícil, si no imposible, disponer de suficientes recursos (diccionarios, obras de consulta sobre derecho, formularios...) para cubrir el amplio espectro de textos que constituyen el objeto de nuestro trabajo. En este sentido, los traductores de plantilla de los organismos internacionales son más afortunados, ya que disfrutan de las ventajas del trabajo en equipo y del acceso a obras de referencia y bases de datos terminológicas que no están al alcance de los traductores independientes.

Además de estas necesidades de documentación y formación específicas, cada día aparecen nuevos términos para los que no existe traducción acuñada (especialmente en ciertas ramas del derecho, como es el financiero o el derecho de propiedad intelectual en Internet), ni una institución de referencia que se ocupe de la normalización de este tipo de léxico y a la que los traductores jurídicos podamos plantear nuestras dudas (existenciales en la mayoría de los casos). Por otra parte, y a pesar del carácter repetitivo y fosilizado de muchos textos legales, tampoco existen traducciones sancionadas de documentos legales tipo, ni manuales de estilo para traductores jurídicos.

La solución a estos problemas pasa, sin duda, por la colaboración entre traductores, juristas y profesionales de organismos internacionales, a fin de establecer equivalencias funcionales entre figuras jurídicas, normalizar la terminología y estudiar la influencia de la armonización de los derechos nacionales en la traducción jurídica. Otras iniciativas que contribuirían a elevar la calidad de la traducción jurídica son:

1. La elaboración de *corpora* multilingües de documentos legales originales, que permitieran a los traductores jurídicos estudiar los

rasgos propios de cada género para respetar las convenciones formales, estilísticas, fraseológicas y léxicas.

2. La elaboración de *corpora* de documentos legales traducidos
por expertos. Estas traducciones deberían ser validadas por juristas y
traductores de reconocido prestigio. Para ello se podría aprovechar el
magnífico trabajo realizado en el ámbito de la traducción de la legislación y la jurisprudencia comunitaria, las traducciones oficiales de
los tratados y convenios internacionales, la documentación multilingüe generada por las instituciones de comercio internacional, etc.

3. La elaboración de glosarios particulares para los distintos géneros legales (léxico de contratos mercantiles, léxico de testamentos,
léxico de documentos societarios...), mediante el vaciado exhaustivo
de textos originales, el análisis estadístico de frecuencias, estudios de
concordancia y colocaciones.

4. El desarrollo de estudios empíricos sobre las soluciones de
traducción adoptadas en países plurilingües (Canadá, España, Bélgi-
ca), analizando las posibilidades de que la redacción de instrumentos
legales se hiciera originalmente de forma bilingüe *(bilingual drafting
methods)* para obtener mejores resultados en la traducción.

Con el desarrollo de los programas de traducción asistida por ordenador, el perfeccionamiento de las memorias de traducción, y la ri-
queza documental que nos ofrece hoy Internet, los traductores jurídicos nos enfrentamos a un reto apasionante: la sistematización de esta
variedad de traducción mediante glosarios informatizados y bases de
datos sensibles a la macroestructura y fraseología de los géneros legales. Estos elementos, a los que se podría acceder a través de la red
Internet, unidos a *corpora* extensos de documentos traducidos, podrían generar programas de traducción jurídica asistida por ordenador de alta calidad. En ello estamos trabajando ya en la Universitat
Jaume I, en colaboración con traductores profesionales, juristas y organismos internacionales, y con la esperanza de poder presentar
pronto unas herramientas de trabajo que hagan más fácil la vida del
traductor jurídico.

Castellón, 8 de enero de 2000

REFERENCIAS BIBLIOGRÁFICAS

Código Civil español (ed. 1986): Civitas, Madrid.
Centro de Estudios Constitucionales (1989): Curso de técnica legislativa, Madrid.
Ley de Enjuiciamiento Civil (ed. 1991): Tecnos, Madrid.
Ley de Enjuiciamiento Criminal (ed. 1991): Tecnos, Madrid.
Ley Orgánica del Poder Judicial (ed. 1989): Tecnos, Madrid.
Abaitua, J. (1996): «Ingeniería de la lengua y normalización lingüística», en *Estudios computacionales del español y el inglés*, Instituto Cervantes, Madrid.
Adam, J. M. (1990): *Elements de linguistique textuelle*, Mardaga, Lieja.
Alcaraz Varó, E. (1993): *Diccionario de términos jurídicos*, Ariel, Barcelona.
— (1994): *El inglés jurídico: textos y documentos*, Ariel, Barcelona.
Alcaraz Varó, E.; Campos, M. A., y Gianbruno C. (2000): *El inglés jurídico americano*, Ariel, Barcelona.
Alexandre, K. (1981): «Le traducteur dans la communication juridique internationale», en A. Kopzinski *et al.* (eds.), pp. 166-169.
Álvarez Calleja, M. A. (1995): *Traducción jurídica inglés-español*, UNED, Universidad Nacional de Educación a Distancia.
Atkinson, J. M., y Drew, P. (1979): *Order in Court: The Organisation of Verbal Interaction in Judicial Settings*, Atlantic Highlands, NJ.
Austin, J. L. (1962): *How to do things with words*, Oxford University Press, Londres.
Baines, J. (1983): «Literacy and ancient Egyptian society», *Man*, 18.
Barber, C. L. (1962): «Some measurable characteristics of modern scientific prose», en F. Behre (ed.), *Contributions to English Syntax and Philology*, Almqvist and Wiksell, Goteburgo.
Berk-Seligson, S. (1990): *The Bilingual Courtroom*, University of Chicago Press, Chicago.
Bernardita, L. (1991): *Contratos civiles y comerciales, inglés-castellano, castellano-inglés*, Abeledo-Perrot, Buenos Aires.
Beyer, V., y Conradsen, K. (1995): «Translating Japanese Legal Documents into English: A Short course», en Morris Marshall (ed.), *Translation and the Law*, John Benjamins, Amsterdam.
Bhatia, V. (1994): «Cognitive structuring in legislative provisions», en Gibbons, John (ed.), *Language and the Law*, Longman, Londres.

Biber, D. (1988): *Variation across speech and writing*, Cambridge University Press, Cambridge.
— (1989): «A typology of English texts», *Linguistics*, 27, 3-43.
Biber, D., y Finegan E. (eds.) (1994): *Sociolinguistic perspectives on register*, Oxford University Press, Oxford.
Blackman, J. (1993): *The Legal Researcher's Internet Directory*, Legal Research of New York, Nueva York.
Boy White, J. (1990): *Justice as Translation. An essay in cultural and legal criticism*, University of Chicago Press, Chicago.
Brennan, M. (1994): «Cross-examining children in criminal courts: child welfare under attack», en Gibbons, John (ed.), *Language and the Law*, Longman, Londres.
Brenneis, D. (1988): «Language and disputing», *Annual review of Anthropology*, 17, 221-237.
Brown, C. (1995): «Riding the Waves of Fortune: Translating Legislation of the Succesor Soviet Republics», en Morris Marshall (ed.), *Translation and the Law*, John Benjamins, Amsterdam.
Bucholtz, M. (1995): «Language in Evidence: The Pragmatics of Translation and the Judicial Process», en Morris Marshall (ed.), *Translation and the Law*, John Benjamins, Amsterdam.
Bühler, K. (1934): *Sprachtheorie. Die Darstellungfunktion der Sprache*, Fischer, Stuttgart.
Bulen, Leake y Jacob (1975): *Precedents and Politics*, Sweet and Maxwell, Londres.
Calvo Ramos, L. (1980): *Introducción al estudio del lenguaje administrativo*, Gredos, Madrid.
— (1985): «El subcódigo de la etiqueta en el lenguaje administrativo castellano», *Revista de llengua i dret*, vol. 3, n.º 5.
Carrió, G. R. (1990): *Notas sobre derecho y lenguaje*, Abeledo Perrot, Buenos Aires.
Cary, E. (1956): «La traduction officielle (militaire, diplomatique, administrative, judiciaire, etc.)», en E. Cary, *La traduction dans le monde moderne*, Georg, Ginebra.
— (1956): «La traduction commerciale», en E. Cary, *La traduction dans le monde moderne*, Georg, Ginebra.
Castellà, J. M. (1992): *De la frase al text*, Empúries, Barcelona.
Clanchy, M. T. (1979): *From Memory to Written Record: England, 1066-1307*, Harvard University Press, Cambridge, Ma.
Coulthard, M. (1975): *An introduction to Discourse Analysis*, Longman, Londres.
Crystal y Davy (1969): *Investigating English Style*, Longman, Londres.
Charolles, M. (1978): «Introduction aux problèmes de la cohérence des textes», *Langue Française*, 38. Larousse, París.
Charrow, R. P y Charrow, V. R. (1979): «Making legal language understandable», *Columbia Law Review*, 79, 1306-1374.
Charrow, R. P y Charrow, V. R. (1977): *The comprehensibility of standard jury instructions*, National Center for State Courts, Denver.

Charrow, V.; Crandall J. A., y Charrow, R. (1982): «Characteristics and functions of legal language», en Kittredge, R. y Lehrberger, J. (eds.), *Sublanguages*, Berlín, Walter de Gruyter.

Charrow, V. R. (1982): «Language in Bureaucracy», en R. di Pietro (ed.), *Linguistics and the professions*, Norwood, NJ, Ablex, pp. 173-188.

Chukwu, U. (1991): «Plaidoyer pour la part de jurisprudence en traductologie», *Meta*, 36, 4, 558-566.

Dane, J. (1987): *How to use a law library*, Sweet Maxwell, Londres.

Dane1, F. (ed.) (1974): *Papers on functional sentence perspective*, Academi, Praga.

Danet, B. (1984 *b*): «The magic flute: a prosodic analysis of binomial expressions in legal Hebrew», en Danet, B. (1984), *Studies of legal discourse. Special Issue*, número especial, texto, 4 (1-3), Mouton Publishers, Berlín/Nueva York. 143-172.

— (1980): «Language in the legal process», *Law and Society Review*, 14, 455-564.

— (ed.) (1984): *Studies of legal discourse*, monográfico, texto, 4 (1-3), Mouton Publishers, Berlín/Nueva York.

— (1985): «Language in the legal process», en Van Dijk, T. A. (ed), *Handbook of Discourse Analysis*, vol. 1, Academic Press, Londres.

Danet, B., y Bogoch, B. (1994): «Orality, literacy, and performativity in Anglo Saxon wills», en Gibbons, John (ed.), *Language and the Law*, Longman, Londres.

Dickerson, R. (1986): *The Fundamentals of Legal Drafting*, Little Brown, Boston.

Driedger, E. A. (1980): «Legislative drafting», *Meta*, 25, 3, 316-324.

Duarte, C., y Martínez, A. (1994): *El lenguaje jurídico*, A-Z editora, Buenos Aires.

Durieux, C. (1990): «La recherche documentaire en traduction technique: conditions nécessaires et suffisantes», *Meta*, 35, 4, 669-675.

Emery, P. (1991): «Text classification and text analysis in advanced translation teaching», *Meta*, 36, 4.

Enkvist, N. E. (1974): «Theme dynamics and style», *Studia Anglica Posnaniensa*, 5 (1), 127-135.

Farghal, M. (1992): «Major problems in students' translations of English legal texts into Árabic», *Babel*, 38, 4, 203-210.

Finegan, E. (1982): «Form and Function in Testament Language», en Di Pietro, R. J. (ed.), *Linguistics and the Professions*, Norwood (NJ), Ablex.

Firbas, J. (1974): «The Czsechoslovak approach to FSP», en F. Danes (ed.), *Papers on functional sentence perspective*, Academi, Praga.

Flors i Bonet, Avel·li (1993): «Tipología documental jurídica», *Apuntes curso de postgrado en traducción*, Universitat Jaume I, Castellón.

Frame, I. (1986): «Legal translators and legal translations: a personal view», en C. Picken (ed.), *Translating and the computer*, Aslib, Londres.

Franzoni, A. (1992): «La traducción y los sistemas jurídicos», *Campus: Revista de la Universidad de Granada*, 62, 42-43.

— (1996): «La equivalencia funcional en traducción jurídica», *VOCES, Revista del Colegio de Traductores Públicos de la Ciudad de Buenos Aires*, n.º 20, marzo.

Garner, B. A. (1987): *A dictionary of modern legal usage*, Oxford University Press, Oxford.

Gemar, J. C. (1988): «La traduction juridique: art ou technique d'interprétation», *Meta*, 33, 305-319.

— (1979): «La traduction juridique et son enseignement: aspects théoriques et pratiques», *Meta*, 24, 35-53.

— (1980): «Le traducteur et la documentation juridique», *Meta*, 25, 1, 134-151.

— (1981): «Réflexions sur le langage du droit: problèmes de langue et de style», *Meta*, 26, 4, 338-349.

— (1982): *The Language of the Law and Translation: Essays on Jurilinguistics*, Linguatech-Conseil de la langue française, Editeur officiel du Québec.

— (1988): «Le traducteur juridique ou l'interprète du langage du droit», en P. Nekeman (ed.), 422-430.

Gibbons, John (ed.) (1994): *Language and the Law*, Longman, Londres.

Gil Esteban, R. (1995): «La traducción de documentos de banca», Curso de especialización impartido en la Universitat Jaume I, Castellón.

Goldman, L. (1983): *Talk never dies: The language of Huli disputes*, Tavistock, Londres.

Gómez, A., y Bruera, O. M. (1995): *Análisis del lenguaje jurídico*, Editorial de Belgrano, Buenos Aires.

Goodrich, P. (1987): *Legal Discourse*, St Martin's Press, Inc, NY.

Goody, J. (1986): *The logic of writing and the organization of society*, Cambridge University Press, Cambridge.

Graff, H. J. (1987): *The Legacies of Literacy: Continuities and Contradictions in Western Culture and Society*, Indiana University Press, Bloomington, Indiana.

Greimas, A. (1967): «La linguistique structurale et la poétique», *Revue des sciences sociales*, 19.

Groot, G. R. (1988): «Problems of legal translation from the point of view of a comparative lawyer», en P. Nekeman (ed.), 407-421.

Gunnarsson, B. L. (1984): «Functional comprehensibility of legislative texts. Experiments with a Swedish Act of Parliament», texto, 4, monográfico: Studies of Legal discourse, Mouton Publishers, Berlín, Nueva York.

Gustafsson, M. (1975): «Some syntactic properties of English law language», *Publication, n.º 4*, University of Turku, Dept. of English, Turku.

— (1983): «The syntactic features of binomial expressions in legal English», texto, 4, 123-142, monográfico: *Studies of Legal discourse*, Mouton Publishers, Berlín, Nueva York.

Gutt, E. A. (1991): *Translation and Relevance*, Basil Blackwell, Oxford.

Halliday, M. A. K. (1973): «The functional basis of language», en B. Bernstein (ed.), *Class, Codes and Control*, Rouletdge and Kegan Paul, Londres.

— (1978): *Language as Social Semiotic*, Edward Arnold, Londres.

— (1985 a): *An introduction to Functional Grammar*, Arnold, Londres.

— (1985 b): «Dimensions of Discourse Analysis: Grammar», en T. A. van Dijk (ed.), *Handbook of discourse analysis*, Academic Press, Londres.

Halliday, M. A. K., y Hassan, R. (1976): *Cohesion in English*, Longman, Londres.

Hammond, M. (1995): «A New Wind of Quality from Europe: Implications of the Court Case Cited by Holz-Manttari for the U. S. Translation Industry», en Morris Marshall (ed.), *Translation and the Law*, John Benjamins, Amsterdam.

Harris, S. (1984): «Questions as a Mode of Control in Magistrates' Courts», *International Journal of the Sociology of Language*, 49, 5-27.

— (1988): «Court discourse as genre», en R. P. Fawcett y D. J. Young (eds.), *New Developments in Systemic Linguistics*, vol. 2: *Theory and application*, Frances Pinter, Londres.

— (1989): «Defendant resistance to power and control in court», en H. Coleman (ed.), *Working with language: A Multi-Disciplinary Consideration of language Used in Work Contexts*, Mouton, La Haya.

Hartmann, R. K. (1980): *Contrastive textology. Studies in descriptive linguistics*, Julius Groos Verlag, Heidelberg.

Hatim, B., y Mason I. (1997): *The translator as communicator*, Routledge, Londres.

— y — (1990): *Discourse and the translator*, Longman, Londres (Versión española: *Teoría de la traducción. Una aproximación al discurso*, Ariel, 1995).

Heels, E. (1994): *The Legal List. Law Related Resources on the Internet and Elsewhere*, versión 3. 0, enero 1994, documento electrónico.

Heller, M., y Freeman, S. (eds.) (1987): *Discourse as organizational process*, Ablex, Norwood, NJ.

Hernández-Gil A. (1986): «El lenguaje del Derecho Administrativo», Conferencia pronunciada en el Instituto Nacional de Administración Pública, Madrid.

Hickey, L. (1992): «Notice is hereby given to hide ulterior motives», en Dieter Stein (ed.), *Cooperating with Written Texts. The Pragmatics and Comprehension of Written texts*, Mouton de Gruyter, Berlín.

— (1993 *a*): «Presupposition under cross-examination», *The International Journal for the Semiotics of Law*.

— (1993 *b*): «Equivalency, certainly but is it legal?», *Turjuman*, 2, pp. 65-67.

Hiltunen, R. (1984): «The type and structure of clausal embedding in legal English», texto, 3, 107-122, monográfico: *Studies of Legal discourse*, Mouton Publishers, Berlín.

— (1990): *Chapters on Legal English: Aspects Past and Present of the Language of the Law. Annals of the Finnish Academy of Science B.* 251, Finnish Academy of Science, Helsinki.

Hurtado Albir, A. (1994): «Pasado, presente y futuro de los estudios sobre la traducción», *Sendebar*, Facultad de Traducción e Interpretación, Granada.

Iturralde Sesma, V. (1989): *Lenguaje legal y sistema jurídico. Cuestiones relativas a la aplicación de la ley*, Tecnos, Madrid.

Jakobson, R. (1960): «Concluding statement: Linguistics and poetics», en T. A. Sebeok (ed.), *Style in Language* (350-377), Cambridge, MA, MIT Press.

Joseph, J. (1995): «Indeterminacy, Translation and the Law», en Morris Marshall (ed.), *Translation and the Law*, John Benjamins, Amsterdam.

Koutsivitis, V. G. (1979): «La traduction juridique: étude d'un cas, la traduction des textes législatifs des CEE», *Terminologie et Traduction*, 1, 31-46.
— (1990): «La traduction juridique: standardisation versus créativité», *Meta*, 35, 1, 226-229.
— (1991): «La traduction juridique: liberté et contrainte», en M. Lederer y F. Israel (eds.), 139-157.
Kramer, S. N. (1956): *From the Tablets of Sumer: Twenty-five Firsts in Man's Recorded History*, The Falcon's Wing Press, Indian Springs, CO.
Kristeva, J. (1978): *Semiótica*, Fundamentos, Madrid.
Kunz, K. (1995): «Where the Devil Meets his Grandmother», en Morris Marshall (ed.), *Translation and the Law*, John Benjamins, Amsterdam.
Kurzon, D. (1984): «Themes, hyperthemes and the discourse structure of British legal texts», texto, 4, 31-56, Mouton Publishers, Berlín, Nueva York.
— (1986): *It is Hereby Performed: Explorations in Legal Speech Acts*, John Benjamins, Filadelfia.
Kussmaul, P. (1995): *Training the translator*, John Benjamins, Amsterdam.
Lajoie, M. (1979): «L'interprétation judiciaire des textes législatifs bilingues», *Meta*, 24, 1, 115-123.
Lane, C. (1990): «The Sociolinguistics of Questioning in District Court Trials», en Bell and Holmes (eds.), *New Zealand Ways of Speaking English*, Clevendon.
Lane, C. (1990): «The Sociolinguistics of Questioning in District Court Trials», en Bell and Holmes (eds.), *New Zealand Ways of Speaking English*, Clevendon.
Law Reform Commission of Victoria (1987): *Plain English and the Law: Drafting Manual*.
LeClercq, T. (1995): *Expert Legal Writing*, University of Texas Press, Austin.
Ledesma C. A., y Morena C. E. (1980): *Léxico de comercio internacional*, Emedeka, Buenos Aires.
Legault, G. (1979): «Fonctions et structure du langage juridique». *Meta*, 24, 1, 1977.
Lesage, G. (1979): «La traduction du droit canonique», *Meta*, 24, 1, 146-158.
Lethuillier, J. (1980): «Les bibles du traducteur juridique», *Meta*, 25, 1, 101-110.
Levi, J., y Walker A. (eds.) (1990): *Language in the Judicial Process*, Plenum Press, Nueva York.
Levinson, S. C. (1983): «Activity types and language», *Pragmatics*, Cambridge University Press, Cambridge.
Loftus, E. (1980): *Eyewitness testimony*, Harvard University Press, Harvard, Massachussets.
Lyons, J. (1977): *Semantics*, Cambridge University Press, Cambridge.
Maley, Y. (1987): «The Language of Legislation», *Language in Society*, 16, 25-48.
— (1994): «The language of the law», en Gibbons, John (ed.), *Language and the Law*, Longman, Londres.
Maley, Y., y Fahey, R. (1991): «Presenting the evidence: constructions of reality in court», *International Journal for the Semiotics of Law*, IV, 10.

Malkiel, Y. (1968): «Studies in irreversible binomials», en Y. Malkiel (ed.), *Essays on Linguistic Themes*, Basil Blackwell, Oxford.

Marshall Morris (ed.) (1995): *Translation and the Law*, American Translators Association, colección de monografías académicas, vol. VIII, John Benjamins, Amsterdam.

Martín, J. (1991): *Normas de uso del lenguaje jurídico*, Comares, Granada.

Maynard, D. W. (1984): *Inside plea bargaining: The language of negotiation*, Plenum, Nueva York.

Mayoral Asensio, R. (1991): «La traducción jurada de documentos académicos norteamericanos», *Sendebar*, 2, 45-57.

— (1994 *a*): «Bibliografía de la traducción jurada (inglés-español)», *Sendebar*, 5, 327-338.

— (1994 *b*): «La desconfianza hacia el cliente, virtud en el traductor jurado: un caso ejemplar», *Butlletí de l'Associació d'intèrprets jurats de Catalunya*, n.° 5.

— (1995): «La traducción jurada del inglés al español de documentos paquistaníes: un caso de traducción reintercultural», *Sendebar*, 6, 115-146.

— (1996): «La traducción comercial: categorías de traducción en razón de las fuentes de referencia terminológicas y textuales», V Curso Superior de Traducción inglés/español, Universidad de Valladolid.

Mellinkoff (1963): *The language of the Law*, Little, Brown & Co., Boston.

— (1982): *Legal Writing: Sense & Nonsense*, West, St. Paul.

Meredith, R. C. (1979): «Some notes on English legal translation», *Meta*, 24, 1, 54-67.

Mikkelson, H. (1995): «On the Horns of a Dilemma: Accuracy vs. Brevity in the Use of Legal Terms by Court Interpreters», en Morris Marshall (ed.), *Translation and the Law*, John Benjamins, Amsterdam.

Milles, J. (1993): *Internet Handbook for Law Librarians*, Glanville Publishers/Oceana Group, Dobbs Ferry (NY).

Mills, B. (1988): «Some aspects of legal translation in the European communities», en P. Nekeman (ed.), 471-474.

Moerman, E., y Parladorio, E. (1996): «ITI Court Interpreters: the profession in the press!», *ITI Bulletin*, 8, agosto.

Morris, R. (1995): «Pragmatism, Precept and Passions: The Attitudes of English-Language Legal Systems to Non-English Speakers», en Morris Marshall (ed.), *Translation and the Law*, John Benjamins, Amsterdam.

Mur Torres, J. (1991): *Temario de la oposición a los cuerpos general administrativo de la Administración del Estado y administrativo de la Administración de la Seguridad Social*, Joaquín Mur Torres, Zaragoza.

Nida E. A. (1964): *Towards a Science of Translating*, E. J. Brill, Leiden.

— (1977): «The Nature of Dynamic Equivalence in Translating», *Babel*, 23, 3, 99-103.

Nida, E. A., y Taber, C. H. (1982): *Theory and practice of translation*, E. J. Brill, Leiden.

Niska, H. (1995): «Role Conflicts and Discourse Types in Court Interpreting», en Morris Marshall (ed.), *Translation and the Law*, John Benjamins, Amsterdam.

O'Barr, W. M. (1982): *Linguistic Evidence. Language, Power and Strategy in the Courtroom*, Inc. San Diego, Academic Press.

Obenaus, G. (1995): «The Legal Translator as Information Broker», en Morris Marshall (ed.), *Translation and the Law*, John Benjamins, Amsterdam.

Pardo, M. L. (1992): *Derecho y lingüística. Cómo se juzga con palabras. Análisis lingüístico de sentencias judiciales*, Centro editor de América Latina, Buenos Aires.

Pareras, L.G. (1997): *Internet Derecho*, Masson, Barcelona.

Pavie, F. (1981): «El traductor jurado desde la antigüedad hasta nuestros días», en *Simposio internacional sobre el traductor*, APETI, Madrid, 277-292.

Peñarroja Fa, J. (1989 *a*): «Intérpretes jurados: documentos para su historia», *Boletín informativo de APETI*, julio.

— (1989 *b*): «Intérpretes jurados: documentos para su prehistoria», *Boletín informativo de APETI*, octubre.

— (1997): «Intérprete jurado», *Iuris*, 4, marzo.

Philips, Susan U. (1984): «The Social Organization of Questions and Answers in Courtroom Discourse: A Study of Changes of Plea in an Arizona Court», texto, 4, 225-488.

Pienkos, J. (1988): «La jurilinguistique et la traduction: quelques réflexions d'un linguiste et d'un juriste», en P. Nekeman (ed.), 467-470.

Plain English Campaign (1996) *Language on Trial. The plain English Guide to Legal Writing*, Robson Books, Londres

Prieto de Pedro, J. (1991): *Lenguas, lenguaje y derecho*, Civitas. Servicio de publicaciones de la UNED, Madrid.

Puig, R. (1991): «La traducción jurídica», *Revista del Colegio de Traductores Públicos del Uruguay*, 2, 3-10.

Quirk, R y Greenbaum, S. (1973): *A University Grammar of English*, Longman, Londres.

Rabadán, R. (1991): *Equivalencia y traducción. Problemática de la equivalencia translémica inglés-español*, Universidad de León, León.

Rayar, W. (1988): «Problems of legal translation from the point of view of a translator», en P. Nekeman (ed.), 451-454.

Redish, J. C. (1981): «The language of the bureaucracy», *Technical Report*, 15, Document Design Center, Washington D. C.

Reed, D. G. (1979): «Problèmes de la traduction juridique au Québec», *Meta*, 24, 1, 95-102.

Repa, J. (1991): «Training and certification of court interpreters in a multicultural society», *Meta*, 36, 4, 595-605.

Riera Dorandeu, J. (1987): *Terminología franco-española de contratos*, Marcial Pons, Madrid.

Riva, N. (1981): «Droit public et traduction», *Meta*, 26, 3, 223-228.

Russel, R. (1979): «The Statutes of Quebec: Linguistic interference», *Meta*, 24, 1, 213-217.

Sager, J. C. *et al.* (1980): *English Special Languages, Principles and Practice in Science and Technology*, Brandstetter, Wiesbaden.

San Ginés Aguilar, P., y Ortega Arjonilla, E. (1996): *Introducción a la traducción jurídica y jurada (inglés-español)*, Comares.
Sarcevic, S. (1985): «Translation of culture- bound terms in laws», *Multilingua*, 4-3, 127-133. Mouton Publishers, Amsterdam.
— (1988): «Translation of legislation: with special emphasis on languages of limited difusion», en P. Nekeman (ed.), 455-462.
— (1997): *New Approach to legal Translation*, Kluwer Law International, La Haya.
Schwab, W. J. (1978): «Pour qu'une traduction juridique soit légale», en P. Horguelin (ed.), 117-129.
Searle, J. R. (1969): *Speech acts: An essay in the Philosophy of language*, Cambridge University Press Cambridge (versión española: *Actos de habla*, Cátedra, Madrid, 1990).
— (1976): «A classification of illocutionary Acts», *Language in Society*, 5, 1-23.
Shuy, R., y Larkin, D. K. (1978): *Linguistic considerations in the simplification/clarification of insurance policy language*, Georgetown University and Center for Applied linguistics, Washington D. C.
Shuy, R., y Shunkal A. (eds.) (1980): *Language uses and the uses of language*, Georgetown University Press, Washington D. C.
Smith, S. (1995): «Culture Clash: Anglo-American Case Law and German Civil Law in translation», en Morris Marshall (ed.), *Translation and the Law*, John Benjamins, Amsterdam.
Solé i Durany, J. R. (1989): «La llengua del dret», *Limits*, 7, noviembre.
Sparer, M. (1979): «Pour une dimension culturelle de la traduction juridique», *Meta*, 24, 1, 68-94.
— (1984): «Traduction des textes législatifs: craintes et enjeux», *Societé des Traducteurs du Québec*, Conseil de la langue Française, Québec: Editeur Officiel, 98-103.
— (1988): «L'enseignement de la traduction juridique: une formation technique et universitaire», *Meta*, 33, 2, 320-328.
Sperber, D., y Wilson, D. (1986): *Relevance, communication and cognition*, Harvard University Press, Cambridge, Mass.
Stone, M. (1995): «Las Siete Partidas in America: Problems of Cultural Transmission in the Translation of Legal Signs», en Morris Marshall (ed.), *Translation and the Law*, John Benjamins, Amsterdam.
Storey, K. (1995): «The Use of Translators and Interpreters in Cases Requiring Forensic Speaker Identification», en Morris Marshall (ed.), *Translation and the Law*, John Benjamins, Amsterdam.
Swales, J. (1981): «Aspects of Articles Introductions», *Aston ESP Research Reports*, 1.
— (1990): *Genre Analysis: English in Academic and research Settings*, Cambridge University Press, Cambridge.
Swales, J. M., y Bhatia, V. (1983): «An applied discourse analysis of English legislative writing», *Language Studies*, The University of Aston, Birmingham.
Tannen, D. (ed.) (1982): *Spoken and written language: Exploring orality and literacy*, Ablex, Norwood, NJ.

Thibaut, J., y Walker, L. (1975): *Procedural Justice*, Erlbaum, Hillsdale, N. J.

Tiersma, P. M. (1999): *Legal Language*, The University of Chicago Press, Chicago.

Torres Carballal, P. (1988): «Trends in legal translation: the focusing of legal translation through comparative», en P. Nekeman (ed.), 447-450.

Unión del Notariado Latino (1981): *Texte Uniforme des Procurations*.

Van Dijk, T. A. (1977): *Text and Context*, Longman, Londres.

— (1980): *Macrostructures*, Lawrence Erlbaum. Hillsdale, NJ.

— (ed.) (1985): *Handbook of discourse analysis*, Academic Press, Harcourt Brace Jovanovich Publisher, Londres.

Walker, A., y Levi, J. N. (eds.) (1990): *Language in the judicial process*, Plenum, Nueva York.

Walsh, M. (1994): «Interactional styles in the court-room: an example from North Australia», en Gibbons, John (ed.), *Language and the Law*, Longman, Londres.

Weihofen, H. (1980): *Legal Writing Style*, West, St. Paul. (1.ª ed. de 1961).

Weinrich, H. (1976): *Sprache in Texten*, Klett, Stuttgart.

Weston, M. (1983): «Problems and Principles in legal translation», *The Incorporated Linguist*, 22, 4, 207-211.

— (1991): *An English Guide to the French Legal System*, St. Martin's Press, Oxford.

Whitelock, D. (ed.) (1986): *Anglo-Saxon Wills*, William Gaunt & Sons, Homes Beach, Florida (Publicado originalmente por Cambridge University Press, 1930).

Zunzunegui, E. (1992): «Lenguaje legal», en C. Martín (ed.), *Lenguajes naturales y lenguajes formales*, PPU, Barcelona.

Obras de referencia para el traductor jurídico (inglés-español)

DICCIONARIOS Y ENCICLOPEDIAS DE DERECHO Y ECONOMÍA

Diccionario Jurídico Espasa (1997): Fundación Tomás Moro Espasa Calpe.

Glosario del Banco Mundial (inglés- español, español-inglés) (1986): The World Bank, Washington DC.

International Monetary Fund Glossary (inglés, francés, español) (1986): IMF, Washington DC.

Lexique UEC (francés, alemán, inglés, español, neerlandés, italiano, portugués) (1974): Union Européenne des Experts Comptables Economiques et Financiers (UEC). IdW- Verlag GmbH, Dusseldorf.

McGraw-Hill Dictionary of Legal Terms (1998): McGraw-Hill, Madrid.

Vocabulario de derecho primario comunitario (francés-español-inglés) (1986): Comisión de las Comunidades Europeas, Luxemburgo, CEE.

Aisenberg, I. M. (1999): *Modern Patent Law Precedent-Dictionary of Key Terms and Concepts* (4.ª ed.), Glasser Legal Works.

Alcaraz Varó, E., y Hughes, B. (1993): *Diccionario de términos jurídicos (inglés-español, español-inglés)*, Ariel Derecho, Barcelona.

Anglim, C.T. (1997): *Labor, Employment and the Law: A Dictionary (Contemporary Legal Issues)*, ABC, Clio.

Bailey, J. A. (1998): *The Concise Dictionary of Medical-Legal Terms: A General Guide to Interpretation and Usage*, Parthenon Pub. Group.

Benmaman, V. (1997): *Bilingual Dictionary of Criminal Justice Terms (English-Spanish)*, Gould Publications.

Bes, J. (1975): *Diccionario de transporte internacional, fletamentos y términos de embarque*, OFICEMA, Madrid.

Black, H. C. (1990): *Black's Law Dictionary, Definitions of the Terms and Phrases of American and English Jurisprudence, Ancient and Modern*, West, St. Paul, Minn. 6.ª ed.

Cabanellas, G. (1983): *Diccionario enciclopédico de derecho usual*, 8 vols. Heliasta, Buenos Aires, 1981, 8.ª ed.

Calatayud Pérez, E. (1985): *Diccionario básico jurídico*, Comares, Granada.

Codera, J. M. (1986): *Diccionario de comercio exterior*, Pirámide, Madrid.

— (1987): *Diccionario de derecho mercantil*, Pirámide, Madrid.

Collin, P. H. (1992): *Dictionary of law*, Peter Collin.

Crumbley, L. (1994): Dictionary of Tax Terms *(Barron's Business Guides)*, Barron's Cop., Nueva York.

Champion, D. J. (1998): *Dictionary of American Criminal Justice: Key Terms and Major Supreme Court Cases*, Fitzroy Dearborn Publishers.

Donaghy P. J., y Laidler, J (1990): *Diccionario de términos usados en informes financieros (español-inglés, inglés-español)*, Deusto, Bilbao.

Elosua, M. (1990): *Diccionario empresarial Stanford*, Stanford Business School Alumni Association España, Área editorial, Madrid.

Garner, B. A. (1995): *A Dictionary of Modern Legal Usage*, Oxford University Press, Oxford.

Gifis, S. H. (1991): *Law Dictionary*, Barron's Cop., Nueva York.

— (1998): *Dictionary of Legal Terms: A Simplified Guide to the Language of Law*, Barron's Cop., Nueva York.

Gil Esteban, R. (1991): *English-Spanish Banking Dictionary; Diccionario bancario español-inglés*, Paraninfo, Madrid.

Gómez de Liaño, F. (1983): *Diccionario jurídico*, AZ, Salamanca, 2.ª ed.

Infante Lope, J. (1984): *Diccionario jurídico*, Colección Legal Vecchi, Barcelona.

Lacasa, R., y Díaz de Bustamante, I. (1980): *Diccionario de Derecho Economía y Política (inglés-español, español-inglés)*, Editoriales de Derecho Reunidas, Madrid.

Le Docte, E. (1987): *Diccionario jurídico en cuatro idiomas (francés-español-inglés-alemán)*, Civitas, Madrid.

Ledesma C. A., y Morena C. E. (1980): *Léxico de comercio internacional*, Emedeka, Buenos Aires.

Lozano Irueste, J. M. (1989): *Diccionario bilingüe de Economía y empresa (inglés-español, español-inglés)*, Pirámide, Madrid.

Martin, E. A. (1998) *A Dictionary of Law*, Oxford University Press, Oxford.

Mascareñas, C. (1993): *Nueva enciclopedia jurídica*, Seix Barral, Barcelona.
Mazzuco, P. O., y Hebe A. (1992): *Diccionario bilingüe de terminología jurídica (inglés-español, español-inglés)*, Abeledo- Perrot, Buenos Aires.
Montoya, A. (1995): Enciclopedia jurídica básica, Civitas, Madrid.
Muñiz de Castro, E. G. (1990: *Diccionario terminológico de economía, comercio y derecho (inglés-español, español-inglés)*, Fontenebro, Madrid.
Ribó Durán, L. (1987): *Diccionario de derecho*, Bosch, Barcelona.
Robb, L. A. (1965): *Diccionario de términos legales*, Limusa, México D. F.
Stewart, W. J., y Burgess, R. (1999): *Collins Dictionary of Law*, Harper Collins Pub Ltd., Londres.
West, T. L. (1999): *Spanish-English Dictionary of Law and Business*, Peter Collins Pub Ltd., Londres.

FORMULARIOS JURÍDICOS

301 Legal Forms, Law Pack Publishing, Londres (1997).
Álvarez de Morales (1986): *Formularios de herencias*, Comares, Granada.
— (1988): *Formularios de actos y contratos*, Comares, Granada.
— (1996): *Formularios de sociedades*, Comares, Granada.
Ávila, P. (1988): *Formulario notarial*, Bosch, Barcelona.
Bernardita, L. (1991): *Contratos civiles y comerciales, inglés-castellano, castellano-inglés: Formularios*, Abeledo-Perrot, Buenos Aires.
Bulen, Leake y Jacob (1975): *Precedents and Politics*, Sweet and Maxwell, Londres.
Chitty y Jacob (1986): *Queen Bench Forms*, Sweet and Maxwell, Londres.
Fabra Valle G., y Castillo F. (1991): *Formularios de contratos y documentos mercantiles*, Neo Ediciones, Madrid.
Fink, K. W. (1990): *California Corporation Package and Minute Book*, Grants Pass, The Oasis Press, Oregon.
Oddie. *Butterworth's County Court Precedents and Practice*, Butterworths, Londres.
Resa Mateo, R. (1985): *Formularios de registro civil*, Comares, Granada.
Rodríguez Hermoso, F. (1990): *Formularios procesales civiles*, Comares, Granada.
— (1990): *Formularios procesales penales*, Comares, Granada.
Simó Santonja, L. (1995) *Formularios de sociedades de responsabilidad limitada*, Comares, Granada.
Vila Plau, F. (1980): *Formularios inmobiliarios*, Colección Nereo, Barcelona.
Walton, R. (1985): *The encyclopaedia of Forms and Precedents (42 vols.)*, Butterworths.

OBRAS DE INTRODUCCIÓN AL DERECHO Y A LOS GRANDES SISTEMAS JURÍDICOS

Allan, E.: *An Introduction to the legal system of U.S.*, Columbia University, Oceano Publications, Nueva York.

Atienza, M. (1986): *244 preguntas de introducción al derecho*, Ariel, Barcelona.
— (1994): *Introducción al derecho*, Barcanova, Barcelona.
Cachón, J. E. (1997): *Introducción al derecho privado (civil y mercantil): textos y documentos*, Dykinson, Madrid.
Capella, J. R. (1998): *El aprendizaje del aprendizaje*, Trotta, Madrid.
Coughlin, G. G. (1975): *Your introduction to Law*, Barnes and Noble Books, Nueva York.
Cremades, B. (1989): *Litigating in Spain*, Kluwer Law and Taxation Publishers, Deventer.
Chuliá, F. V. (1998): *Introducción al derecho mercantil*, Tirant lo Blanch, Valencia.
Dane, J. (1987): *How to use a law library*, Sweet Maxwell, Londres.
David, R. (1982): *Les grands systèmes de droit contemporains*, Dalloz, París, 8.ª ed.
Del Hierro, J. L. (1997): *Introducción al derecho*, Síntesis, Madrid.
Del Valle, V. (1999): *Derecho civil y mercantil*, McGraw-Hill, Madrid.
Hernández Marín, R. (1989): *Teoría general del derecho y la ciencia jurídica*, PPU, Barcelona.
James, P. (1989): *An Introduction to English law*. Butterworths, Londres, 12.ª ed.
Latorre, A. (1994): *Introducción al derecho*, Ariel, Barcelona.
Losano, M. G. (1982): *Los grandes sistemas jurídicos: Introducción al derecho europeo y extranjero* (traducción al español de *I Grandi Sistemi Giuridici*, por Alfonso Ruiz Miguel, Debate, Madrid).
Pritchard, J. (1986): *The Penguin guide to the law*, Penguin, Londres.
Redmond, P. W. D. (1979): *General Principles of English Law*, M&E Handbooks/MacDonald & Evans, Londres.
Séroussi, R. (1998): *Introducción al Derecho inglés y norteamericano*, Ariel Derecho, Barcelona.
Sim, R. S., y Pae, P. J. (1991): *A Level English Law*, Butterworths, Londres, 7.ª ed.

ÍNDICE DE CUADROS Y EJEMPLOS

Índice de cuadros capítulo 3

Índice de ejemplos capítulo 3

Índice de ejemplos capítulo 4

Índice de cuadros capítulo 4

Índice de cuadros capítulo 5

Índice de ejemplos capítulo 5

Índice de cuadros capítulo 9

ÍNDICE

Impreso en el mes de junio de 2000
en A&M GRÀFIC, S. L.
Polígono Industrial «La Florida»
08130 Santa Perpètua de Mogoda
(Barcelona)